Les écrivains

DU MÊME AUTEUR

Claude, *roman, Stock 2000, prix du Premier roman*

Bruno Gibert

Les écrivains

roman

Stock

I

Mécanisés, les écrivains s'étaient levés et avaient commencé à rassembler leurs affaires alors que le train n'était encore qu'en rase campagne et que rien à part l'heure sur leur montre ne pouvait indiquer qu'ils arrivaient au but. Le visage contre la fenêtre, il n'avait pu se résoudre à bouger. Il avait senti qu'un étrange mal l'avait piqué dès le départ pour se répandre en lui en même temps que les campagnes, les bois, les chemins déserts qu'il avait été cependant heureux de retrouver. Il avait réveillé sa femme assoupie sur son épaule, il l'avait embrassée sur la tête, entre ses petits cheveux qui sentaient encore le drap sale et le sommeil et lui avait murmuré des mots dans leur langue, sans doute, J'aime la Fifou, une chose comme ça qui ne trouvait un sens qu'entre eux et dans la répétition.

D'abord, il avait dit qu'il ne voulait plus bouger, il l'avait dit tout autour de lui, et le message était passé. Pourtant d'elle, c'était venu. Elle l'avait supplié, elle lui avait montré toute l'importance de la chose, elle lui avait dit Implique-toi, et avait trouvé d'autres relais, surtout parmi ses amis. Par faiblesse et surtout parce que, toujours, il lui coûte de dire non, il avait cédé. Après le calme était venu à nouveau. C'est encore loin, avait-il pensé. Mais au fur et à mesure c'était monté dans son ventre. Des tiraillements. La dernière journée, il l'avait passée au lit dans une sorte d'incapacité totale, le fait était établi, il allait mourir demain. Je veux que tu viennes avec moi, avait-il demandé. C'était impossible. Plus tard dans l'après-midi, il avait réessayé, deux genoux à terre. Je t'en supplie. Tout cela est ridicule, avait-elle dit. Oui, il le savait, mais, dans ce cas, la peur l'emportait toujours. Enfin, vers vingt-deux heures, après d'ultimes prières, elle avait accepté.

Dans la nausée de l'aube, ils étaient sortis. Sur les branches, les premiers oiseaux s'en donnaient déjà à cœur joie dans le gris découpé du matin et les chaussées luisaient comme des glaces. Dans le lit, il avait palpé rituellement le corps de sa femme, son cul bouillasse, ses cuisses en cire fondue, son dos impeccable, et avait soufflé à son oreille toutes sortes de mots chauds et confus, comme si eux-mêmes s'étaient trouvés tirés du sommeil. Par la fenêtre du train, son esprit préoccupé par cette journée commencée trop tôt trouva refuge dans le spectacle imperceptiblement renouvelé des paysages de bocage français avec ses haies, ses futaies et ses bosquets d'arbres en touffes ou alignés, ses marigots, ses fermes plantées à même la terre, ses piquets penchés ou pas, ses bêtes debout sur leurs pattes ou pas. Ensuite, c'était les villes et le poison dans les jambes. Avec hésitation, le train diminua nettement sa vitesse. Alors les voyageurs, d'un commun accord, se mirent tous debout, allèrent chercher leurs sacs et se retrouvèrent à faire la queue au centre du wagon tandis que dehors, on voyait seulement des champs vides. Les écrivains, qui n'étaient pas comme ces habitués et n'avaient donc rien de familier à reconnaître, imitèrent le mouvement et, sans aucun discernement, allèrent grossir la travée déjà pleine de mères de famille, d'enfants excités, de militaires en civil, de vieillards tous pressés de retrouver le pays.

Il regarda ses mains. Elles lui semblèrent grises, déjà. Voyager salit, se dit-il. Il sentit que le train avait laissé sur ses vêtements une odeur ignoble de fer chauffé et de goudron. L'attente du métro l'avait piqué sous les bras. Le temps qui ne représentait rien pour lui, dans sa vie de tous les jours, dans la vie qui coule toute seule d'un jour vers l'autre, là, était devenu une obsession. Partir avait mis en route un funeste compte à rebours. À la gare, il avait regardé le gros cadran de l'horloge sur la tour et avait dit Ouf, mais s'était senti aussitôt sale. Après, le train s'était mis en branle. Malgré toutes les contrariétés, cela était venu comme un minuscule soulagement. L'épreuve du temps était résolue, celle de l'espace maintenant commençait. Les champs, les bourgs, les murs crayonnés, les fleuves, les routes, les champs dans le cadre de la fenêtre haute sécurité. Autour, ça mangeait, ça lisait, ça dormait, ça ne faisait rien que regarder les autres gens. Les premiers visages connus qu'il craignait de rencontrer apparaissaient disséminés dans les reflets. Il ne voulut encore voir personne, ne voulut parler à personne, motus et bouche cousue, sinon pour le nécessaire comme quand il avait dit Excusez-moi à une femme qui bloquait une porte. Sinon, ç'avait été bien. Il s'était gardé des bavards et des gens que le voyage rend diserts, il s'était gardé de tout et même de ceux qui croyaient le connaître ou qui avaient fait semblant car, en vérité, personne ici ne le connaissait, personne ici ne connaissait son nom. À peine un instant s'il avait flotté dans l'air, ce nom. Ce nom, avec ses *r*, ses *o*, ses ouverts et ses fermés, ses sonorités incompatibles. Quand il lui avait fallu l'épeler ce matin devant l'agent qui distribuait les billets, il n'avait plus représenté aucune réalité. Ce nom, cette consonance de nom, qui aurait pu tout aussi bien appartenir à un autre que lui, lui devenait pénible à la fin. Toujours il le disait faiblement, ce qui l'obligeait souvent à répéter. De sa bouche, ça ne sortait pas, et quand, ce nom, son nom, il l'entendait venir de la bouche d'un autre, il lui semblait tellement incongru et si loin de lui qu'il lui fallait un temps pour comprendre ce qu'il était, c'est-à-dire un nom qui était son nom et qui était lui. Ce qui l'obligeait à répondre oui, ou bien, c'est moi, mais il revenait, ce nom, chaque fois de si loin qu'il lui devenait étranger comme un parent transformé par un long voyage.

Dans le reflet inversé des porte-bagages, il avait reconnu les noms des écrivains. C'était facile, ce n'était que des noms connus épinglés sur des têtes reconnaissables. Sa femme, surtout, les remettait grâce à la télé et aux magazines qu'elle lisait. Les Untel et Unetelle exactement comme les Untel et Unetelle, tous n'étaient en fin de compte que des noms affichés sur des têtes.

C'est au milieu de longs ralentissements que les voyageurs emmitouflés s'étaient préparés à quitter le train alors que celui-ci traversait encore des zones forestières. Les têtes connues des écrivains se tenaient mélangées aux autres têtes anonymes et entre toutes ces têtes, on sentait des intrigues. Dans la rangée, il y avait des petits coups de coude et des pincements de pantalon. C'est bien moi, semblaient dire les têtes connues avant de se refermer sur elles-mêmes. Par la fenêtre apparurent d'abord des constructions, des pavillons et des grands ensembles, des publicités Peugeot et Auchan, puis des autoponts, puis des carrefours multidirectionnels, et toute une série d'objets urbains qui allaient se multipliant jusqu'à ce que le ballast se tasse en un début de quai puis fasse place au ciment d'un quai entier, avec son mobilier fléché, ses escaliers, ses voyageurs aux aguets. Voilà, ils étaient arrivés. Dans un haut-parleur, une voix répéta que ce train n'irait plus au-delà. Une voix avec un accent.

Par la fenêtre de la chambre, ils avaient regardé en bas. Il y avait une rue. Ce n'était pas une vraie rue, les voitures y étaient interdites, c'était une de ces rues entièrement redessinées avec leurs magasins toujours les mêmes, et puis toutes ces boutiques en « ies », comme ces croissanteries et carteries qui font venir toute la ville. Les immeubles du centre étaient les plus beaux. Balcons ouvragés, façades à décrochements, moulures, fantaisies d'architectes début de siècle. L'hôtel y était. C'était le quartier ancien, celui des « petites rues » où les gens aiment se promener. Les deux tours d'une cathédrale sortaient des ardoises, puis, au-delà, l'architecture se modifiait. Ce centre-ville avec son casino, ses monuments en stuc, ses parterres, n'était en fait qu'une mince bande posée devant d'autres faubourgs. Derrière, des résidences de cinq étages, dont l'agencement évoquait la forme d'une fleur ouverte, ceinturaient des barres beaucoup plus hautes avec rien autour, des routes, sans doute. Grâce à des ponts, des voies en surplombaient d'autres. Une piste cyclable s'interrompait devant un dépôt de véhicules industriels. Sur une place, une sculpture moderne en marquait le centre. Hors de la ville étaient rejetés les magasins massifs, les vendeurs de piscines, de cheminées, d'accessoires pour le jardin et la maison. Au-dessus d'un entrepôt allongé, brillait une enseigne Speedy. Au fond, c'étaient les montagnes. Entre, le paysage cheminait tranquillement mais, pris de spasmes, il ondulait et gondolait de plus en plus.

Sa femme dit Je ne peux pas continuer comme ça, il faut d'abord que je mange.

Du lit, il l'avait vue tomber sur l'unique chaise de la chambre double-salle de bains à 53 euros (350 francs). Encore vêtue de son manteau, elle avait juste retiré ses chaussures. Lui, enroulé dans le dessus-de-lit, avait envie d'une boisson chaude. Le temps était devenu une substance molle. Comme du miel, il s'étirait en une multitude de cheveux collants. Il voulut étirer le fil entortillé d'un vieux poème qu'il avait appris, ce qui fut un jeu d'abord, mais la résistance qu'il sentit au bout de sa mémoire fit monter en lui une terrible fureur.

Il se leva du lit d'un bond. J'ai faim, répéta-t-elle. Il sortit de la chambre.

À l'entresol, des hommes, des femmes, des avec costumes, d'autres en lainages clairs et puis, d'autres encore, assis seuls dans des fauteuils, des jeunes, certains avec des pulls à motifs colorés se trouvaient rassemblés. Au fond du hall, une flèche portait le dessin d'une petite tasse fumante. En effet, une sorte de bar rudimentaire était installé. Il y entra. Il y avait des plantes dans des pots décorés. Certaines étaient en fleurs. Il demanda à une jeune serveuse qui les époussetait de quoi se nourrir. La jeune femme répondit qu'à cause du *congrès*, il leur était impossible de cuisiner quoi que ce soit. Quand même, elle se renseigna de nouveau. On lui parla de pain. Il dit d'accord pour du pain. Il commanda aussi un café pour lui. Quelqu'un sortit par une porte de derrière. Il attendit. Pendant un temps, il regarda la jeune fille qui s'activait. Des sourcils épais lui barraient gravement le haut du visage. Au-dessus de ses lèvres, un fin duvet assombrissait sa peau. Il voulut voir ses avant-bras. Quand elle se pencha sur son évier, le tissu de son chemisier blanc lui moula le dos et découvrit une nuque tout embrouillée de demi-cheveux. Une odeur imperceptible de lessive était montée. Tiède. Un instant, il se sentit sans forces. C'était toujours pareil, il désira enfouir sa tête entre ses jambes. Son corps aspirait à du petit, à du chaud, à du faiblement éclairé. Voilà le pain, lui dit-elle. Il sortit son argent et compta ses pièces. C'est bon. C'est pour le café. Non, c'est bon, reprit-elle.

En partant, il lui glissa un *merci à vous* appuyé, pas assez enjoué sans doute, teinté de tristesse même, mais plein d'appels. En regardant par la fenêtre de sa chambre toutes les maisons, il s'était déjà retrouvé dans cet état d'envies. Toujours la province lui faisait ça. À cause d'une élévation de la tristesse et puis de l'air aussi, il avait eu un furieux désir de corps. Devant cette ville étrangère, il avait envisagé ceux qui vivaient là, comme ces étudiantes un peu paresseuses, ces jeunes mères au foyer, ces filles libres entre les week-ends passés au ski et qui étaient pour lui comme autant de corps à découvrir, beaux corps de sous-préfectures, corps d'altitude, corps à stoppeurs, corps d'une ville de cent mille habitants, corps d'août délaissés dans la chaleur ou sous la pluie, corps d'automne (les meilleurs). Ces corps, il eut envie de les faire fondre sur lui, de les positionner, de les mettre sous des angles inattendus, sous des lumières rasantes, dans l'eau froide, au jet, passés au savon. En se retournant, il put une dernière fois contempler le visage de la serveuse qui n'était plus, de loin, qu'une zone sombre détachée sur du blanc. Le fameux continent noir, c'était lui. Vu de loin, il était sensuel et inquiétant. Un instant, elle le regarda hésiter et faire des manières devant la porte qu'il tenait entrouverte puis rabaissa aussitôt son visage impavide vers une pile d'assiettes. C'est presque avec un sentiment de honte qu'il retraversa l'entresol bondé.

Après, ça avait recommencé un peu comme au temps de son enfance. Ces camps d'été dans le Jura, en Savoie, dans l'Allier et Dieu sait où encore. Les dents serrées, petite silhouette derrière les vitres de l'autocar, à l'angle du trottoir porte d'Orléans, il avait vu les contours de sa mère fondre dans une sorte d'inondation. Son visage, son visage jaune éponge pompait toute la tristesse du monde. Partout, il la buvait comme un sirop ami. Les usines, les voies vides, les vieux dans les rues, le ciel blanc, les Montrouge, les Vanves, les Malakoff, les boulangeries aux rideaux fermés, les merceries bail à céder, les bouts de chaussée mille fois arpentés étaient comme autant de territoires intimes dont lui seul connaissait les secrets. Pour lui, impénétrable était la gaieté des autres. Ils étaient bien contents les autres. Très vite, par la joie aimantée, des groupes se créaient. À l'intérieur du car, ils se regroupaient suivant les caractères. Tous ces individus allaient devenir quelque chose de général. Un groupe. Là-dedans, les plus rapides allaient prendre le dessus et d'ici l'arrivée, ils auraient soumis les faibles. File-moi ton biscuit, file-moi ta gourde. Pas de pitié ! Les meneurs allaient conquérir les territoires humains en creux, tout ça parce qu'ils possédaient des parents qui vivaient dans les pires difficultés. Ces pères bourrus, ces mères enveloppées, en les voyant arriver au rendez-vous, il avait su tout de suite combien il allait falloir se garder de leurs enfants. En effet, ils arrivaient, plus grands que les autres. Les joues en feu, les mains épaisses, les yeux cruels. C'étaient des enfants pourtant. Simplement en avance sur leur âge à cause des mauvais traitements, à cause du mauvais manger, probablement. Ils avaient des grosses valises écornées avec presque rien dedans, des sacs bricolés, des provisions sans marque, en vrac dans les poches et des chaussures mal adaptées. Il savait qu'il pouvait en baver à cause de ceux-là, il en avait déjà bavé plein. Il était trop tendre à côté d'eux, trop près de sa mère, de son confort bourgeois, pas assez dans la vie, sans rudesse aucune. Mains douces, peau blanche, yeux gris, une proie facile. Rien que dans le car ça commençait. File-moi ta gourde, file-moi ton biscuit. En silence, il buvait ses larmes, il se fermait comme une huître, il devenait lourd comme une bûche de bois. Muet, il se vengeait. Il est pas bavard celui-là. Vengeance ! vengeance ! Sans un souffle, il élaborait des plans d'évasion, d'évasion par l'intérieur et devenait anti-tout, un garçon que la mollesse alourdit, un poids mort.

On lui demanda son nom. Une femme vêtue d'une veste mauve épinglée d'une cocarde SALON DU LIVRE ou FESTIVAL DES LETTRES ou LA FOIRE AUX AUTEURS dont les couleurs imitaient celles des armes de la ville, du bleu et du jaune. L'hôtesse fouilla dans un panier posé à ses pieds, dans une masse d'enveloppes, s'exaspéra même un peu dans le tas, murmura un On se calme, un peu vulgaire et enfin, en sortit une dont le nom s'approchait le plus du sien avec une faute d'orthographe. À l'intérieur, il y trouva des bons de toutes sortes (bon pour un taxi, bon pour un repas, bon pour une excursion), toute une liste d'adresses avec plan et conseils, une lettre de remerciement, un carton imprimé à l'anglaise, quelque chose comme une invitation officielle. Ça parlait de collation, de cocktail, de présence amicale souhaitée. Tous les courriers commençaient par *Chers auteurs* mais retombaient dans un style officiel et informatif. Autour de lui, les écrivains apprécièrent ces délicates attentions, ce qui l'étonna, surtout de la part de Lebreton et de

Baccara, tout célèbres qu'ils étaient, que de commentaires ravis ils avaient eus pour l'enveloppe, pour le Windsor Hôtel qui n'était au mieux qu'un trois étoiles vieillot de centreville, alors que, s'ils l'avaient voulu, ils auraient pu demander n'importe quoi de somptueux, faire des caprices, exiger telle chose et non telle autre. Les gros tirages, c'étaient eux. Les poids lourds, c'étaient eux. Suivez-moi, leur avait dit l'hôtesse. Alors Lebreton et Baccara, qui prirent cela pour une invitation toute personnelle se mirent seuls en chemin, mais la jeune femme dont la veste mauve arborait l'écusson LE LIVRE EN FÊTE, ou bien LES TROIS JOURS DU LIVRE aux couleurs de la ville s'était retournée vers les autres, vers la masse des écrivains qui occupaient tout le milieu du hall, et dit, cette fois en forçant la voix pour que tout le monde puisse entendre, Vous tous, suivez-moi. Dans le regard de Lebreton, il sentit quand même une très furtive déception.

Comme dans une pièce bien rythmée, un autre écrivain avait fait irruption sous l'auvent, accompagné d'une actrice de cinéma dont le visage était évidemment reconnaissable. Tous les deux, ils avaient l'air amis. Messieurs, le devoir nous appelle ! avaient-ils lancé d'une même voix. Alors une clameur joviale s'était élevée du groupe, notamment d'un homme petit avec une moustache sur une bouche charnue et qui avait levé ses bras en l'air. Beaucoup, sans doute lassés d'attendre, avaient vu en ce nouveau départ de grandes raisons de se réjouir. Un homme en costume sombre, que personne n'avait encore jamais vu, passa dans l'assemblée distribuer des badges où les noms et les fonctions des participants avaient été inscrits. Ce badge faisait d'inconnus ce à quoi et avec abnégation, ils avaient tant travaillé. Des professionnels. Leur entière raison d'être se trouva contenue dans ce mince objet plastifié qui parlait pour eux et qui devenait une sorte de médaille, un signe d'appartenance. Quelque part, quelqu'un, une secrétaire zélée, un organisateur, en l'occurrence ici, le Chef du bureau des Auteurs, tout en s'appliquant à inscrire leurs noms anonymes, leur avait reconnu ce mérite. Lui, hésita devant l'étiquette. Pendant que sa femme lui dit qu'il le fallait, il regarda un jeune homme en col roulé tenir l'objet dans sa main sans savoir qu'en faire. Il regardait l'épingle l'air terrifié. Il lui adressa un salut fraternel que celui-ci eut bien du mal à s'expliquer.

Dans les colonies, les gens de l'encadrement, avec leurs idées sur les gamins, sur les gosses, sur les ados mais ne sachant rien sur les enfants, à peine s'ils devinaient qu'il fallait qu'on le laisse tranquille pour ensuite, dans leurs réunions à messe basse, toujours le juger gravement. Ils disaient Avec celui-là, il y a un problème. Pourtant ce n'était pas lui le coupable. Ce n'était pas lui qui distribuait le mal. Dans une même mesure, mais dans un style différent, Baccara, cheveux blonds coupés en frange plate, barbe moussue sur joues enflées, et Lebreton étaient pareils. Dans le groupe, ils s'étaient tout de suite reconnus en meneurs. Leur façon de s'intégrer ou plutôt d'intégrer les autres à eux, de se faire des amis, de dénicher des complices pour les remettre à leur place si le besoin se faisait sentir. Par un retour glacial qui laissait soudain éperdu, ils marquaient ainsi les limites. Lebreton allait et venait dans le couloir au centre du minibus et jouait avec une ironie clairement établie au bel homme sympathique dont il avait l'allure. Chemise à carreaux, teint mat sur un visage triangulaire, carrure athlétique, un bel homme assurément. Tout dans les yeux aussi, rapprochés et bleus autour d'un nez sans épaisseur. Des beaux cheveux drus d'adolescent, des mains de marin, une bonne mine, cela contrastait avec ces habituels corps d'écrivains, ces corps souvent en friche à commencer par le sien, beaucoup plus frêle de charpente, plus ramassé sur lui-même et qui donnait à penser qu'une légère souffrance, un jour, dans son jeune âge probablement, s'y était glissée et était restée depuis, confortablement. À l'inverse, le corps de Lebreton, parfaitement fluide, inspirait la considération. À vue d'œil déjà, il existait.

En descendant du minibus, ils avaient formé une longue file qui avait rempli les trottoirs, s'était épaissie sur les places et avait eu l'allure d'un envahissement. Partout, il y avait des magasins, des banques et des distributeurs vidéo 24 h sur 24 h.

La médiathèque dépassait d'une éminence de terre. Pour y parvenir, les auteurs durent franchir le talus gras d'un chantier. Il y avait encore des engins autour et dans des tonneaux, des feux qui brûlaient. De tout en bas, ils avaient pu voir leurs têtes en monumental affichées sur le bâtiment neuf, au-dessus des banderoles LA JOIE DE LIRE, VERBE EN HERBE, LE FESTIVAL DES PAGES. Volontairement, il avait laissé devant lui le groupe s'échapper un peu. On n'est pas pressés, avait-il dit à sa femme tandis qu'il lui retenait le bras. Derrière une baraque pleine d'outils, il l'avait étreinte. Dans ses cheveux il avait soufflé et, comme de tout petits serpents noirs, quelques-uns s'étaient mis à danser dans la vapeur. Pour lui, ç'avait été comme un répit, seulement après, il avait découvert une petite femme toute contrariée par ses bottines crottées. On est bien ici, comme ça, tous les deux, avait-il dit en serrant ses poings l'un contre l'autre. Non, avait-elle répondu, puis On y va maintenant.

Devant une table, déjà toute une file s'était formée pour Lebreton. Derrière les piles bien nettes de ses nombreux ouvrages, droit sur sa chaise, il trônait. Il portait une veste sombre et une chemise claire qui contrastait bien avec le fond bleu d'une fausse bibliothèque. Son regard était magnifiquement perçant et sa bouche esquissait un étirement réfléchi. Parfois, il laissait traîner une main près de son visage ou l'accrochait à son menton, et évitait de dégager ses dents lorsqu'il lui fallait sourire (à la vue de sa femme, il se leva légèrement de son siège pour la saluer. Il vit le visage de celle-ci qui s'empourpra, il le vit à regret).

Il y eut ensuite d'autres événements infimes comme suivre une hôtesse à travers une foule de gens (il découvrit au-dessus de ses cuisses gainées de bas brillants ses fesses dans un violet vif et puis une grande natte rousse bien serrée qui se balançait de droite et de gauche en cadence. Il eut en tête une étrange image. Celle d'un volcan qui étend sa lave sur un paysage désolé. La lave qui entre dans une forêt épaisse et qui l'enflamme comme un rien, la lave avec sa croûte noire et son cœur incandescent. Il se dit qu'une fois au repos, il lui faudrait fouiller dans cette image) et puis ramasser un chapeau qui était tombé à terre, contourner un pilier. Il avait senti des picotements sous ses cheveux et enfin ils étaient arrivés. L'hôtesse désigna la table. Pour cela, elle se mit de profil, posant un pied gracieux en avant, peut-être était-elle danseuse.

Sa table était juste tendue d'un velours rouge sans rien dessus. Il avait regardé ensuite sa femme. Il ressentait de la confusion. Il s'était montré à elle dans ce bâtiment chauffé, en dessous d'une bouche d'aération mal fixée, et elle, elle l'avait vu mettre ses deux mains sur la table comme un mauvais écolier qui aurait oublié ses affaires et, sans rien dire, sans rien faire, ils s'étaient regardés à travers la masse des gens qui se renouvelait sans cesse. Sans doute aurait-il souhaité se cacher ou que quelqu'un lui prenne la main pour le ramener à la maison. Au bout d'une longue attente, il demanda où étaient les gens. Il questionna sa femme à propos des gens. À un homme de l'organisation qui passait par là il demanda où étaient les gens. De quels gens parlez-vous ? Mais, bon sang, des lecteurs ! L'homme n'entendait toujours rien à ce qu'il réclamait. De quels lecteurs ? Mais des miens !

de mes lecteurs ! L'homme partit aux renseignements. Un moment gênant passa. Qu'est-ce qui t'arrive ? lui demanda-t-elle (ce n'était pas tout à fait une question). Seulement, il avait fait tout ce chemin, ces trains, ces autos, ces bus avaient consommé une énergie considérable pour le transporter physiquement, il s'était levé tôt et s'était remué les sangs. Un homme corpulent, une sorte d'agent de la sécurité en chemise cravate avec un talkie-walkie, s'arrêta devant lui et lui parla mal. Il lui dit que s'asseoir là était interdit, qu'il n'en avait pas le droit. Il l'appela Monsieur comme le font les gens qui font semblant de rester polis et qui donnent des ordres, un *Monsieur* qui, dans cette bouche, était finalement l'exact contraire de la politesse. Il lui demanda la raison de sa présence, là, sur cette chaise, et s'il se sentait mal et s'il fallait qu'il appelle quelqu'un. Un attroupement s'était formé autour. Assurément, on le prenait pour un autre, un visiteur subitement affaibli, un passant qui veut voir ce que cela fait d'être de l'autre côté, d'avoir du succès. Tant qu'à faire, s'il avait été question de succès, de vrai succès, de celui de Mick Jagger par exemple, de Di Caprio, de Ricky Martin, de Jean Édouard, de Yannick Noah, d'Arno Klarsfeld et plein d'autres encore, il serait descendu dans une rue piétonne et l'aurait mis sens dessus dessous. Une fille parmi la foule l'aurait entraîné chez elle. Elle aurait été fan de lui. Elle lui aurait dit I want to fuck you. Dans sa chambre mauve ensuite, elle aurait écarté ses cahiers, ses albums de photos du dessus-de-lit pour se donner. Lentement, elle se serait laissé faire. En même temps, elle lui aurait demandé Tu connais personnellement Joyce et Proust ? Oui, oui, bien sûr. Elle aurait gardé ses chaussettes et lui aurait savonné le corps, son corps bien excitant dans une sorte de grande bassine ronde en lui jetant de temps en temps des petits coups d'œil entendus. C'est à ce moment qu'il aurait mesuré la puissance exacte de son succès. Elle aurait comparé son œuvre à quelque chose de colossal qui accompagne toute une vie. Elle aurait dit Moi aussi j'écris. Évidemment, comme tout le monde, elle aurait voulu montrer. Après, au lieu de faire l'amour, il se serait mis à parler théorie, à raconter n'importe quoi, à faire des pas de deux métaphoriques pour, le comble du comble, rentrer en lui-même. Devenu larve, il se serait terré dans un coin, faisant des grimaces absurdes et ne désirant plus bouger. Sans doute en délogeant cet abruti à l'aide d'un balai, l'aurait-elle aussi traité de tous les noms comme Salaud ! pourri ! pas un mot gentil sur mes cahiers ! Pardon, mais j'ai besoin de me retenir, se serait-il excusé.

L'homme de l'organisation était revenu. Voilà, c'est arrangé, dit-il, vos lecteurs vont arriver, mais d'abord il vous faut vos livres. Combien exactement en avez-vous écrit ? Quatre, et puis après un instant où le front de l'homme était resté plissé, il ajouta De la poésie. C'est de la poésie (Soulagement de l'homme.).

Baccara dans une escorte passa devant lui. Grâce aux regards échangés dans le train, il fit semblant de le reconnaître. Baccara vit sa table sans rien dessus et lança Alors, on a déjà tout vendu ? *Alors, on a tout vendu ?* Comme au temps de l'enfance, l'humiliation commençait. Il pressentait qu'elle irait toujours grandissant comme l'avalanche descend la montagne. L'humiliation allait tout engloutir et tout casser. Il dit à sa femme Tu peux y aller maintenant. Et sa femme demanda Aller où ? Il ne savait pas. Simplement, il ne voulait pas qu'elle le voie comme ça, à attendre. Il faut que tu t'assoies, dit-il. Elle s'en alla. Maintenant, il avait peur qu'elle s'ennuie.

Pour lui, la suite immédiate fut laborieuse et pleine de déception. Personne au bout du compte n'était venu. Il resta deux heures sans bouger. Il avait sorti son costume comme il y a un an à Sarreguemines, comme il y a quatre ans à Mougins, pour rien. Comme chaque fois, par faiblesse et parce qu'on lui avait dit Implique-toi, il s'était laissé prendre. Cette même faiblesse qui, toujours et encore, l'empêchait de dire non et qui, par des formes détournées, l'empêchait également de regarder les gens en face. Cette faiblesse de caractère, ah ! comme il la haïssait ! C'est simple pourtant de prendre le regard des gens, il faut juste avoir l'air présent, avait-il formulé. Ça veut dire quoi ? Cela avait sûrement à voir avec la vaillance. Ça veut dire quoi ? Il ne le savait pas. Comme les autres, il inventait des poses de visage. Au lieu de tout fabriquer, n'aurait-il pas préféré se présenter au monde tel qu'il l'avait vu pour la première fois, face hagarde et sanguinolente, naïf et parfaitement démuni comme un insecte déplié devant le soleil ? Si. Il pensait que croire à sa propre existence suffisait pour exister. Au regard des événements, sans doute que cela ne suffisait pas encore. Plus loin, par contre, une vedette, à la face large et rose encadrée de deux pattes grises, remplissait parfaitement son estrade. Le monde attire le monde, c'est bien connu, mais l'homme en plus, imposant par sa taille, savait jouer de son bagout d'homme du Midi pour rameuter les indécis. Il n'avait aucun quant-à-soi, il ne connaissait pas ce principe des milieux intellectuels. Roublard et malin, il faisait feu de tout bois. Sur les tables, ça y allait la régalade. C'est pour qui ? criait-il. Il avait toujours quelque chose à dire sur le nom des gens ou alors, il disait que sa fille s'appelait comme ça, ou son petit-fils. C'était un spectacle à contempler que, de son côté à lui, il buvait avec une passion rentrée. La stupéfiante absence de retenue de cet homme le fascinait et il lui arriva par brefs instants de la lui envier, mais au moment où le Méridional entre deux têtes, croisa son regard, et lui lança un Alors, le poète, ça va ? il vit tout à coup que sa bonne grosse bonhomie ne cachait, en fait, qu'orgueil, condescendance et sens du profit. Les larges plaques de neige s'étaient détachées des parois gelées. Elles couraient à présent en grondant vers le petit village de bois.

Plus tard, un envoyé de la manifestation lui annonça qu'on allait mettre quelqu'un à ses côtés. À vous, il vous faut une locomotive, avait-il lâché. En partant, la personne lui adressa un petit clin d'œil énigmatique. Effectivement un autre écrivain arriva. Une jeune fille maigre. Elle avait des cheveux longs, un nez fin, une bouche longue et des yeux soulignés par un étirement exotique. C'est mon premier roman, confia-t-elle. Un instant, il crut voir aussi clairement qu'à travers une radiographie toutes les plaques de son crâne parfait.

À la fin de la journée, on le libéra. Il avait cherché sa femme et l'avait trouvée attablée dans une sorte de cafétéria ultramoderne.

Alors ? demanda-t-elle. Alors rien, répondit-il. Moi, tu vois, j'ai recommencé. Devant elle, un cendrier était rempli de mégots. Sur le côté, une cigarette à moitié fumée finissait de se consumer.

Dans le ciel, le temps avait changé et des gouttes avaient taché les trottoirs. Ils avaient marché dehors un moment sous la pluie, puis s'étaient abrités en regardant des vitrines. Ils étaient entrés dans une solderie. Elle avait essayé une jupe longue et un haut brillant, lui avait voulu regarder pour un pantalon mais finalement avait préféré s'asseoir sur un pouf en jute qui faisait face aux cabines. Par deux fois il avait vu sa femme tirer les rideaux en gros coton, ensuite il n'avait plus aperçu d'elle que ses petits pieds se déchaussant pour entrer dans un minuscule ballet. Elle acheta le haut brillant, il trouva ça dommage, mais, pour une fois, ne dit rien. Ils avaient pris d'autres rues. Certaines se divisaient sur des hauteurs. Il y avait des porches entourés de lierre, des fontaines de lumière, les banques avaient fermé leurs rideaux. Plus tard, dans un café tout en longueur et sans âme, il avait senti, en se situant dans ce lieu inconnu, un minuscule vertige. Un vieillard très pâle était venu en chaussons d'un coin obscur traîner des pieds jusqu'à leur table. Dans sa main, il tenait un chiffon qui, juste auparavant, lui avait servi à astiquer. Son pull portait des taches. Il lui commanda un lait chaud et des tartines, ce qu'il regretta aussitôt.

Le vieux repartit sans qu'aucune satisfaction ne se soit affichée sur son visage. Il souleva le volet d'un passe-plat et mit sa tête dedans. Tout le café ensuite entendit la commande.

Il écarta ses mains devant lui et vit qu'elles tremblaient légèrement. (Une petite voix lui dit d'ôter son manteau. Mais pourquoi ? Pour ne pas avoir froid en sortant, répondit la petite voix.) Quand le vieil homme revint porter la commande, il lui demanda pour les toilettes. C'est là, répondit-il et il lui désigna le sol.

Un étroit escalier carrelé conduisait à une petite pièce où une niche, plus petite encore, abritait un téléphone. Face au mur, un homme était en train de parler. Il alla dans les lavabos. Devant la glace, il considéra son visage qui était presque le même que celui qu'il connaissait. Un petit visage de rat auquel, en plus, il lui fallait faire attention. Il remit ses cheveux en ligne au-dessus de son front. Dans sa bouche, il avait toutes ses dents de sagesse, mais deux seulement le faisaient souffrir de temps en temps. (La petite voix : Va chez le coiffeur et va voir un stomatologue.) Rien ne pressait. De l'autre côté de la porte l'homme disait J'ai vu Denis hier, il m'a demandé de tes nouvelles. Il fit couler l'eau. Il est sur Mâcon le week-end. Il a eu des problèmes avec son fils. Il mit ses mains sous l'eau. Oui. Non, toujours avec la même. Deux enfants. Il tapota ses mains mouillées sur son visage. Ça faisait au moins quatre ans que je l'avais pas vu, il était dans sa voiture. À Lyon. Il m'a appelé, c'est marrant. Non, à Grenoble. C'est un type secret, je crois qu'il a eu des problèmes de santé. C'est Jacques qui est resté en contact avec lui ou sa femme. Tu sais. Oui, c'est lui. Il lui a fallu du cran. Sinon, il a pas changé, un peu grossi peut-être. Non, on en a pas parlé, je crois qu'il en avait pas très envie. J'ai pas voulu trop poser de questions et puis on était pressés. On a dit qu'on se recontacterait au printemps. Il s'essuya avec du papier-toilette. L'inconnu, dont il ne distinguait seulement qu'une large bande de cheveux ras, décolla son visage du mur, il avait une moustache et un menton énorme en forme de poire. Il portait des lunettes. Ses oreilles étaient pleines de sang. Lorsque l'écrivain s'apprêta à remonter les escaliers pour regagner sa place, l'inconnu le fixa avec un regard mauvais. Ensuite, il l'apostropha. Après avoir bouché le combiné avec la paume de sa main, il lui dit Excusez-moi mon ami, est-ce que ma conversation vous intéresse ?

Sans se rasseoir, il dit à sa femme Allons-nous-en. Il prit son manteau et le lui mit sur les épaules. Je t'expliquerai, dit-il. Le vieillard intrigué et suspicieux regarda en direction de la table. Il y avait le problème de l'argent. C'est combien ? Deux femmes, près d'une tête de sanglier, arrêtèrent leur geste. Dans la rue, sous la pluie qui remplissait à présent les rigoles, il put voir par les vitres éclaboussées du bistrot son lait intact fumer doucement à côté des tartines. Sa femme demanda Il faut que tu m'expliques. Ses tartines, maintenant, elles lui faisaient envie.

Lui avait-il déjà parlé de sa mort ? Pas encore.

C'était très loin d'ici, oui, c'était quelque chose d'effroyable et d'inconnu, de la vie qu'on sent partir de son corps. C'était dans un endroit lointain et chaud, là où il avait vu une lune énorme s'échapper d'entre deux palmiers penchés. Il se croyait plein de vitalité cependant, et n'avait eu aucune raison encore de s'inquiéter pour sa vie. Juste, il y avait les relations tendues qu'il entretenait à l'époque avec cette fille qui n'était pas sa femme mais une autre avant sa femme et qui n'avait rien à voir avec elle ni avec les autres femmes qu'il avait connues jusqu'alors. Une lune écrasait de sa lueur funeste la petite résidence de bungalows où ils avaient trouvé refuge. Après un dîner qui lui avait une fois de plus détruit l'appétit, il avait dit Je ne me sens pas bien, et elle, elle avait dit Mais tu ne vas jamais bien de toute manière, tu as toujours quelque chose, etc. Avant, ils avaient fait l'amour sans doute pour étouffer encore une ancienne dispute et pour qu'ils puissent dîner dans la paix et cela marchait. Entre lui et cette femme à laquelle il se sentait profondément lié, c'était comme ça que cela fonctionnait. Des déchirements brutaux conduisaient à de longs raccommodages passionnés. Mais ce soir-là, étaient-ce les crevettes horriblement épicées ou bien cette énième dispute qui s'était reconvertie en acte amoureux, en tout cas, en voyant cette lune-là, il en était sûr, il allait mourir dans la nuit. Comment ? Il allait se vider totalement rongé par un monstre étranger, une amibe, un scorpion noir, un serpent mortel, un cancer fulgurant, fatal en quelques heures, anévrisme rompu, poison dans les crevettes, envoûtement de tous les organes internes, enchaînement funeste de causes et d'effets, vomi dans les poumons, il allait étouffer sans revoir son chez-lui, sans revoir Pascale, Thomas, Édouard, Sophie et puis, plus tard, sa femme, loin de son lit, loin de son entreprise artistique qui, en dernière chance, aurait pu le sauver. Depuis le début, un exotisme faux l'avait dissous lentement puis pompé comme une araignée pompe dans sa toile le contenu de sa proie ramollie. Pas un seul instant, il n'avait pu trouver la solitude dans ce pays surpeuplé de millions de gens curieux. Il avait essuyé tous ces regards jaunes en même temps que celui de sa compagne qui l'évaluait en amant tourmenté ainsi qu'en futur mari peu crédible. Sans doute lui aurait-il fallu répondre sans hésitation aux questions que tous ces curieux confondus lui posaient, ce qui aurait été impossible tant le champ des réponses était vaste, Hello, aware you ? Wath is your name ? Witch contry are you ? Is it your wife ? penses-tu m'épouser ? surtout que, de tout le voyage, aucune ligne du journal qu'il avait décidé d'entreprendre n'avait vu le jour.

Il aurait pu aimer, avec sa femme, errer dans cette ville si, partout autour de lui, le monde ne lui avait semblé hostile. Le réel était devenu un amas de violences qui exigeait un engagement furieux. Il sentait que sa vie reposait entre les mains de n'importe quel homme sur terre, et même sa femme et son amour pour elle ne représentaient plus qu'un frêle esquif au milieu d'une mer de sang, un mince bouclier de papier.

Il voulut être chez lui. Devant la boulangerie de l'angle, comme une ombre dans les glaces du magasin de journaux, sur les magazines colorés, devant le marchand de pizzas, elle, passant la main dans la boîte aux lettres, lui déjà dans l'escalier. La table, le balcon, la petite vue, c'était bien pour lui suffire. Le reste était une affaire de travail. Pour ça au moins, ils étaient pareils. Quand ils respiraient à nouveau l'air de leur quartier, quand ils ouvraient la porte de leur maison, quand ils avaient posé leurs affaires, quand ils avaient tout bien vérifié, ils se mettaient à danser dans le salon. Ils revenaient du Pacifique, des Pyramides, des pinèdes, de n'importe où, c'était toujours ainsi. Aucune tristesse. Ce qui n'avait été d'abord que de longs moments construits d'instants pénibles trouvait ensuite sens quand la porte de l'aérogare s'ouvrait sur l'air frais du retour. Alors là, quand il revoyait les faubourgs indigents de sa ville, les bandes de gazon le long des voies rapides, les tunnels sous le ciel bas du matin, toutes les impressions merveilleuses fleurissaient dans ce magique moment et les aubes sur les plages se faisaient plus réelles. Après revenait la vie verticale, la rumination. Il retrouvait sa planche et ses habits d'hiver pleins d'odeurs froides qui, dans la précipitation, avaient été jetés en boule et n'avaient bougé depuis des semaines dessinant parfois une grimace comique, son courrier sur la table, des oignons moisis dans une corbeille et elle, elle le retrouvait apaisé.

Maintenant, dans cette ville de grandeur moyenne, distante d'environ quarante kilomètres des premières stations de ski, souvent traversée car se situant sur le fameux axe routier nord/sud mais peu visitée, ce sentiment de mort s'était présenté à lui. Même s'il avait surgi affaibli, comme si un sentiment pouvait lui aussi devenir fantôme, il était revenu vivant tout de même. Il sentait encore le *mon ami* jeté par l'inconnu du café tourner comme une grosse vis au centre de sa poitrine. Il prit peur. Il est possible, pensa-t-il, que cette chose reste en moi à tout jamais. C'était pareil pour les échardes qui se mettaient sous sa peau. C'est fini, disait-il à sa femme l'air accablé, ce bout de bois restera à jamais dans mon corps et je ne serai plus jamais libre. Elle disait Fais voir, et puis arrangeait tout avec ses doigts ou une pince à épiler. Après, elle entendait son mari siffler. Un autre jour, ce fut une arête. Il s'était vu condamné pour le restant de ses jours à avaler dans la douleur. Sa femme lui fit manger de la mie de pain. La douleur était toujours là. Tu vois, j'ai raison, ça fait partie de moi désormais. Il mangea de la mie encore et encore. La douleur disparut en peu de temps mais pour l'avenir, il n'était sûr de rien.

C'était un soir tout pareil à un autre mais pas tout à fait non plus. C'était juste l'amorce d'une chute, une pente fâcheuse que prenait le jour, une inclinaison différente du mauve qui à la vue s'en trouvait divisé. Le fléchissement des rayons commençait imperceptiblement dans le ciel. La lumière pourrie s'affaissait sur elle-même. Comme du noir qui goutte dans du bleu, le soir commençait son quotidien travail de sape, sa grande salissure. D'abord, on allait allumer le dedans des maisons et puis plus tard, ce seraient les phares des autos et enfin les lampes des rues. Cette tournure des choses toujours chez lui laissait une trace, un coup d'ongle. Pendant plusieurs minutes, il regretta la présence des écrivains quand il aperçut, à un angle de rue, Baccara et Lebreton. Sans doute se rendaient-ils au cocktail prévu dans le programme puisque en les suivant, il put voir avec sa femme qu'ils les dirigeaient imperceptiblement vers l'endroit de la réception et que, au fur et à mesure, ils avaient vu la densité des écrivains augmenter d'entre les passants. Ils avaient vu aussi des femmes bien habillées accompagnées par des hommes en complet veston. Tous allaient se ramassant les uns les autres comme dans un courant tourbillonnant puis s'étaient retrouvés à l'arrêt, serrés sur les marches d'une grande construction qui pouvait évoquer une sorte de palais administratif, la mairie d'une ville nouvelle d'après guerre, les femmes bien habillées, les hommes parfumés, les écrivains au milieu un peu moins impeccables que les autres peut-être mais bien présents tout de même sous les parapluies.

Sous un porche carré, une femme recevait les invitations. Derrière elle, deux hommes vêtus de blazers à boutons dorés montaient la garde, un écouteur dans l'oreille. Au dernier moment, il s'écarta du mouvement puissant des invités. Il repêcha sa femme et l'entraîna sur le côté. Quoi ? demanda-t-elle. C'était simple. Entrer et prendre sur les autres la manière de tenir son verre, de disposer ses bras le long de son corps ou au contraire, plié sur le buste, tout ça pour ne point paraître perdu mais bien à sa place tout en s'employant à tout un tas d'autres simulations subtiles ne lui faisait plus envie. Aussi pouvait-il repérer derrière une plante d'apparat, ou adossé à une colonne quelqu'un de seul au visage sympathique afin de fonder sur lui de grandes espérances comme il le faisait enfant pendant les colonies auprès de ceux qui, comme lui, restaient plutôt à l'écart, les taciturnes, les fermés, ceux qui gardaient toujours sur eux la pâleur de leurs parents aimés. Avec lui, ils formaient une famille. Ils avaient leur linge bien plié et marqué au col. Il réussissait souvent à devenir leur ami, sauf quand il sentait en eux que cette résistance blanche allait l'exclure à son tour comme elle avait si bien exclu les autres. De ceux-là, on disait qu'il n'y avait rien à tirer mais lui, il les aimait plus que tout. Ils passaient leur mois d'été tout seuls à errer dans les champs, à parler aux graminées et aux petites bêtes. Ils devenaient juste une source de tracas pour les gens de l'encadrement. C'était simple pourtant. Il fallait seulement qu'on les laisse tranquilles. Les jeux, les randonnées, les activités variées ne leur étaient d'aucune utilité. Derrière les tentes, ils s'apprenaient mutuellement à dire non, à penser à l'encontre. C'était non aux activités, non aux randonnées, mais ça ne s'arrêtait pas là. C'était non aux humains, non aux choses organisées, non au temps découpé. Quelle élégance ils avaient à côté des grands enfants libérés de leurs familles ! Ils étaient les seuls à pouvoir leur échapper. Pourtant, dans les dortoirs, les coups pleuvaient sur leurs pauvres têtes. Ils ne bronchaient pas, ni ne pleuraient et c'est le crâne bosselé qu'ils s'en retournaient. Dans un silence parfait et implacablement, leurs littératures se mettaient en route. À l'hôtel, l'écrivain avait senti cette belle chose froide chez un jeune écrivain isolé. Sa façon de se tenir en retrait, sa façon furtive de poser son regard sur les autres exactement comme quand, lui, était enfant, son visage parfaitement maussade. Courage ! lui avait-il dit, décidant de forcer d'un coup toutes les complicités et parce que c'était le premier mot qui lui était venu à la bouche. Le jeune homme sursauta comme tiré d'un profond sommeil et le regarda avec inquiétude, et comme il crut soudain que cet inconnu allait poser sa main sur son épaule (il la tenait effectivement levée devant lui et cette idée folle l'avait effleuré), il se leva et s'en alla effrayé. Vous faites erreur, avait-il juste dit avant de s'écarter. Il ne regretta rien. Au mieux, ils auraient échangé toutes sortes de propos ineptes qui finalement les auraient ennuyés et qui lui auraient fait regretter son entreprise, cette entreprise avortée qui, plus tard, les aurait mis tous deux, lors d'une hypothétique seconde rencontre, dans une sorte de gêne et l'aurait fait passer pour un amical impulsif perdu dans l'incohérence de ses élans.

Lebreton, lui, était déjà de l'autre côté. Ils virent sa tête dépasser parfaitement du niveau des autres, sa tête qui rayonnait. Sa femme dit Ce type, il a de la chance dans la vie. Lui ne dit rien. Les deux hommes en blazer s'étaient lentement rapprochés, leurs yeux allaient se perdre dans la foule puis revenaient se poser sur lui. Qu'est-ce que tu fais ? questionna sa femme. Je ne suis pas sûr de. Mais elle l'interrompit pour dire qu'elle en avait marre.

Quelqu'un, à travers un rideau de membres, agrippa son épaule. C'était la jeune fille maigre de la médiathèque. Vous n'entrez pas ? demanda-t-elle. Si, répondit-il. En un instant, cette personne avait incliné différemment son choix.

Quand tous trois furent à l'intérieur, la jeune fille souffla On est mieux ici. Après, elle leur tendit deux mouchoirs en papier. Tenez, c'est pour vous sécher.

Ils avaient bu du champagne. Au-dessus d'eux, toutes les petites oreilles de verre d'un gigantesque lustre se remplissaient du vacarme prodigieux qui imitait le bruit continu d'un torrent furieux roulant sur des cailloux, à la différence qu'on pouvait distinguer dans le bruit continu un va-et-vient d'intensité, comme des vagues sur un rivage, une houle irrégulière, crevée parfois par un éclat de rire, une voix plus forte. Il écouta un long moment la jeune fille parler d'elle. Cours d'art dramatique, de mise en scène, première en philosophie et un premier roman à vingt-deux ans. Sur la petite photo de son livre, elle posait sa tête sur le dos d'une chaise et faisait briller ses yeux savamment. L'objectif, elle savait l'aimanter, elle possédait cette vaillance assurément. Mon père est photographe, elle avait dit, il travaille entre New York et Milan. Mon livre ? C'est l'histoire d'*un chemin*, un chemin qui part de Paris pour aller à

Rome et qui relie un homme à une femme. Bien sûr, le chemin, on est tous dessus, pensa-t-il. De chaque côté, il y avait des jardins à l'aube, des promenades pieds nus, les sept collines couvertes de rosée, il y avait des clochers dans la lumière du soir. Elle demanda Vous connaissez l'Italie ? Non. Elle y avait vécu cinq ans.

Pendant un temps il regarda sa bouche s'ouvrir et se fermer découvrant au passage un collier de dents bien rangées comme des perles. Il sentit son esprit s'éloigner. Il imagina un milieu aisé. Un téléphone qui n'arrête pas de sonner. On organise un dîner. C'est les cinquante ans de maman. Artistes, musiciens et écrivains sont réquisitionnés pour l'occasion. Le père photographe, lui, arrivera de New York pour le dessert. Il y a une maison pleine, une table ouverte. Que des phénomènes. On parle plusieurs langues à la fois. Il y a des jeunes poètes riches avec des cheveux longs. Des Grecs. Une phrase commencera en français, mais finira en russe, ça bouillonne de concepts, une certaine idée du bonheur est là, rien à voir avec la sienne, non, rien à voir, mais quand même il ne put s'empêcher de penser que, malgré tout, des larmes devaient couler, des larmes d'écriture, des larmes inquiètes de *ne pas y arriver,* et puis il y a ce père qui ne vient pas finalement, cet avion bloqué à cause de la tempête (avec lui, on ne sait jamais), il a appelé de NY désolé, c'est l'homme le plus charmant du monde mais un menteur, et elle, elle sait qu'entre lui et maman ce n'est plus tout à fait comme avant. Un vrai monde s'était déroulé, mais rapidement, à force de rêveries, il sentit que la conversation s'éteignait comme un feu. N'avait-il donc plus d'autres questions ? Non. Comme le charbon a besoin du feu pour faire ronfler la chaudière, la jeune fille avait besoin de combustible pour exister, de bonne vapeur humaine. Je vous laisse, dit-elle.

Il regarda sa femme. Il connaissait cet air sur son visage. Je n'aime pas cette fille, dit-elle, elle est mauvaise.

Il le savait mais garda le silence. Il y avait eu cet écrivain, un grand avec un blouson vert fourré. Professeur de philosophie dans un lycée de banlieue. Sur la couverture de ses livres, on voyait toujours un jeune Arabe, un jeune Chinois, un jeune non identifié assis sur le capot d'une voiture désossée avec une ville derrière, une espèce de ville. Cet homme-là, à la médiathèque, tout de suite il l'avait vu capté par la présence de la jeune fille. Il s'était approché un peu timide mais intéressé. Elle l'avait laissé venir et poser ses questions. Sur un plateau d'argent, sur une piste illuminée de deux yeux brillants, elle avait fait ce qu'elle savait si bien faire : être elle-même. Un vrai spectacle de cheveux, de mains, de citations, de tout, ce fut. Elle déploya un chapiteau, ensuite elle l'éclaira dans la nuit grâce à de puissants effets de lumière. Le professeur conquis s'était retrouvé bouche muette, enfant émerveillé à son désir mais, et il ne le savait pas encore, courant à sa perte. Celui qui avait tout connu et tout eu, les honneurs, les plateaux de télé, une femme, des enfants, des bons chiffres de vente, qui s'était inventé une vie remplie de tâches à accomplir, de missions à réussir, avait eu cette pensée stupide que, face à tant d'aisance, tout cela ne représentait plus grand-chose, cela ne pesait plus. En un instant aveuglant, il s'était mis à douter. Dans cet afflux sanguin, il tira le bilan de sa vie et s'estima freiné. Son origine modeste et ces sales gamins des rues que, pourtant, il avait tant aimés, pour lesquels il avait tant sacrifié et auprès desquels il avait tant appris l'empêchaient d'avancer désormais. Maintenant, c'est du nouveau qu'il voulait, du frais, du mobile. Il touchait des bonnes avances. Quitter sa femme merveilleuse, oui vraiment une perle de femme, toujours à ses côtés, pas un mot plus haut que l'autre, de la retenue, de la finesse dans ses lectures, une vraie femme d'écrivain, mais qu'il n'arrivait plus tout à fait à faire jouir, ne lui apparaissait plus qu'une simple formalité. Il était foudroyé. Il s'était avancé en collègue. Mais ce que, ébloui, il n'avait pas vu, c'est que la jeune fille s'était déjà lancée dans sa grande œuvre bourgeoise de négation. Elle se servait de son monde pour en détruire un autre et capturer un esclave de plus. Ce désir qu'elle avait si ardemment réclamé, qu'elle avait façonné de ses mains, elle s'en était servi à peine pour se récurer un ongle. Un incendie de désir, pour une cigarette. Maintenant ça l'encombrait. Elle avait horreur des admirateurs en fin de compte et pour ça au moins, il la comprenait. Le blouson vert s'en était retourné sans avoir pu dire un mot qui lui était personnel. En partant, il avait lancé un À plus tard, sans que lui-même y croie et puis s'était fondu dans les passants. Jamais, sans doute, il n'eut le sentiment d'avoir si peu existé, lui qui avait connu une si formidable ascension depuis les banlieues jusqu'aux plateaux de télé. Il l'avait vu l'homme, épaules basses, disparaître dans la médiathèque sans désir de retour.

Cela faisait, à présent, onze heures qu'il était éveillé. Ce qu'il désirait à présent, c'était fermer les yeux un peu. Toujours il se trouvait mieux ainsi, yeux fermés. Un jour, il confia ce secret à sa femme. C'est terrible de penser ça, avait-elle convenu. Qu'y pouvait-il lui, si sa nuit déteignait sur son jour ? Alors, par instants très brefs, il avait fermé ses paupières comme deux petits rideaux brûlants. Je crois que je vais aller me mettre un peu d'eau sur le visage, avait-il dit. Ça n'intéressait pas sa femme. Du haut de sa tête mobile, elle cherchait de nouveau de quoi boire et manger.

Il s'était dissous dans la masse des invités. Avec l'alcool, le lustre était devenu un filet suspendu à un treuil. Sa forme pleine contenait des milliers de poissons frétillants. Comme un marin se sert des bouées pour traverser un chenal, son regard avait cherché dans la foule des repères. Il reconnut un poète chauve et une journaliste étrangère. Plus loin, c'était le visage d'un patron. Plus loin, Baccara avec une femme en tailleur et un monsieur plutôt bien mis qui aurait pu être le mari, plus loin, un universitaire un peu gros faisait des signes à un maître d'hôtel pour qu'il revienne avec son plateau, plus loin, deux femmes élégamment vêtues parlaient ensemble, plus loin un homme maigre entourait un garçon (son fils ?) de dix-huit ans tout au plus, plus loin Lebreton avec quelqu'un qui avait l'air d'être presque un frère, son verre vide, il aurait bien aimé le poser quelque part, plus loin, le vieux en gilet riait bruyamment la bouche pleine, plus loin un capitaine de gendarmerie accompagné d'une jeune fille un peu banale se grattait le front devant un homme petit, plus loin, deux hommes se serraient la main, ils avaient des badges sur leurs vestes, plus loin cinq femmes regardaient dans la même direction, plus loin un serveur se trouva bousculé mais ne cassa rien, plus loin, un monsieur aux cheveux blancs essayait de traverser un groupe de gens, pardon, disait-il, pardon, et puis des fois, excusez-moi, toujours avec le sourire, plus loin une femme en robe bleue attendait l'homme aux cheveux blancs, son visage n'exprimait aucune impatience, plus loin deux jeunes serveuses brunes, l'une avec des cheveux coiffés sur le côté, l'autre avec une natte, essuyaient le jus d'orange tombé sur une nappe, à côté, un homme noir sans âge ajustait son costume, plus loin une vieille femme cherchait une chaise pour s'asseoir, un homme par galanterie se leva de son fauteuil, mais pour d'obscures raisons, la vieille femme lui demanda de se rasseoir, plus loin une dame embrassait un monsieur sur les joues, tous deux manifestaient la joie de se revoir, la dame portait à son bras un tout petit sac en perles noires à peine plus grand que deux paquets de cigarettes, tout cela était comme autant de pièces d'un puzzle. Il croisa la jeune fille.

Vous ne venez pas au concert ? lui demanda-t-elle presque indignée. Quel concert ? Il ne savait pas. Oui. Peut-être, je ne sais pas, je dois en parler à ma femme. Il savait qu'il n'était plus du tout en train d'exister.

Une sorte de gardien en costume gris brodé d'un écusson lui indiqua d'une manière très imprécise le chemin des lavabos. Je crois que c'est par là, dit-il, vous comprenez, je travaille pas ici normalement.

Il descendit des escaliers, laissant derrière lui la rumeur monocorde. Dans une allée, c'était presque le silence avec la mer au loin. Il avança ensuite sans savoir où. Il poussa des portes et des portes, certaines restaient closes, il n'y avait personne. Au bout d'un moment, il s'énerva de la situation et la solitude subite qui lui était venue d'abord comme un soulagement l'irritait maintenant qu'il était perdu. Il s'enfonça un peu plus sous le palais, il explora de nombreuses salles avec dedans, juste des tables sur lesquelles on avait posé des chaises retournées. Parfois, il y avait un paperboard griffonné au feutre rouge, un rétroprojecteur éteint tourné vers un mur blanc. Il était vingt heures à une grosse horloge, ce qui l'accabla car c'était l'heure où, d'habitude, il entendait dans la serrure la clef de sa femme qui tournait, et lui, dans la cuisine, il défaisait son tablier pour ne pas qu'elle le voie comme ça, ou alors, il le gardait au contraire pour bien lui montrer que la bonne odeur qui flottait dans la maison, c'était lui. Parfois, il prenait un tabouret et le mettait devant la porte et, avant que sa femme n'ait eu le temps d'ouvrir, il s'asseyait dessus et elle le trouvait là, avec son tablier ou sans, dans une attente forcenée, après, ils se soulevaient l'un l'autre dans le couloir. Il était descendu dans la rue faire des courses. Il était allé acheter les produits dans les rues d'à côté car il aimait rester dans son quartier et aimait faire la cuisine. Au téléphone, il promettait pour le soir un bon plat fumant car il aimait quand sa femme se réjouissait à l'avance, cela lui donnait des forces pour après, et quand il entendait son pas le soir dans l'escalier, il savait que c'était le pas de l'épuisement et de la faim et que sa tâche alors serait de la combler, ce qu'il faisait, par son travail, de ce qu'il avait fait pour elle, le bon plat.

Il n'aimait pas sa femme, quand, le soir, elle disait *baraque*, quand elle cherchait quelque chose sans le trouver et qu'elle disait Il n'y a rien dans cette baraque. Elle pouvait dire aussi Il n'y a rien dans ce pays, mais c'était pareil. Il n'aimait pas quand elle se plaignait. Il n'aimait pas quand elle affalait son corps sur le divan, quand elle se déclarait sans force parce que c'était vendredi et que c'est toujours comme ça le vendredi. Mais lui, il voyait bien que c'était d'autres jours aussi cet affaissement. Il n'aimait pas voir sa femme sans force. Cela lui faisait de la peine, cela l'indignait aussi car, pour elle, il déroulait le tapis rouge. Chaque jour sous ses pieds, il l'étalait et il s'étalait avec. Il voulait qu'elle soit une princesse. Elle trouvait que c'était normal puisque lui, il restait à la maison. Il était d'accord et avait envie qu'elle soit une princesse, c'était important pour lui de vivre avec une femme au-dessus de tout, même si cela n'était pas toujours facile avec son travail qui résistait, avec les jours où il s'inquiétait, où il l'inquiétait sur ce que tout allait devenir, quand le soleil brillait dehors et qu'il voyait alors beaucoup plus de gens aller dans les rues et qu'il se disait que rester chez soi tout le temps comme ça n'était pas sain et qu'il n'y avait qu'elle pour lui dire Continue, continue de vivre comme ça, quelle chance tu as de *faire ce que tu veux*, de te consacrer uniquement à *ce que tu veux*, etc. Elle disait aussi Respecte-toi et respecte ta femme. Quand elle le disait comme ça, tellement sérieusement que ça en devenait un ordre, il avait envie de tout arrêter, de s'allonger par terre, de lui baiser les pieds et de lui pardonner tout.

Perdu dans la pénombre des sous-sols, il se dit qu'il n'était pas possible d'avancer comme ça indéfiniment, non, cela n'était pas possible. Tout dans la vie trouve un dénouement, aimait-il penser. Ce soir-là, cette idée produisit chez lui une mystérieuse tristesse.

Au bout d'un couloir sombre, il vit de la lumière sous une porte. Derrière elle, il entendit de la vie, des sortes de chuchotements qui s'arrêtèrent net lorsqu'il essaya, sans succès, de l'ouvrir. Il y a quelqu'un ? demanda-t-il, se trouvant bête puis Je cherche les lavabos, qu'il trouva plus bête encore. De l'autre côté, c'était le silence. Peut-être des bruits de souris, de toutes petites respirations étouffées et le grésillement d'un néon. La lumière sous la porte disparut. Après un moment d'attente, il perçut des pleurs, des pleurs de femme avec de grands silences entre. Après ce fut la même chose mais avec un homme. Un échange de chagrin en somme, puis sans aucune raison, il y eut des rires, des rires et des acceptations verbales en plein milieu des larmes, et des respirations lourdes, des grognements. Il entendit nettement des frottements discrets de tissu, de tissu mouillé, ponctués par des claquements secs. Il n'avait plus rien d'autre à croire que ses oreilles. Ça chantait aigu. Des cris retenus, des silences, de nouveau des mélodies de bouches fermées et enfin un han ! très grossier. Saisi dans sa marche, il était resté là à écouter car il ne connaissait pas de chose plus excitante que d'espionner. Il se plaqua contre le mur et tenta de s'accroupir comme un petit garçon jusqu'au trou de la serrure, un petit garçon qu'il lui sembla être à ce moment-là, un enfant vicieux et fébrile, mais de peur de ce qu'il allait découvrir (papa et maman ?) et aussi parce qu'il avait senti que ses jambes ne le soutiendraient plus, il renonça.

Il remonta les escaliers. Le monde était une ronde joyeuse à laquelle il ne participait pas. Il sentait qu'on (qui ?) l'en avait exclu exactement comme on exclut les enfants de jeux trop adultes et parce que jamais ce cercle n'allait s'écarter pour le laisser entrer, il se sentit soudain dans une telle solitude physique qu'il se mit à dresser l'inventaire de tous les merveilleux moments de sa vie comme cela lui arrivait en pareil cas. Moi aussi, j'ai connu l'extase, se dit-il. Il avait des dates, des noms, des situations, des sons aussi et des images, plein. Il n'y avait que les sensations finalement qui s'étaient perdues, pas grand-chose donc. Rien n'y fit. C'est pâle et fiévreux qu'il regagna le hall illuminé et qu'il traversa, presque sans s'en rendre compte, un bloc compact d'employés de la mairie.

Devant ces mauvaises souffrances qui jaillissaient comme un geyser de la banquise, comme une lave bouillante qui semblait venir du fond de la terre, il se projetait, vieillard en eaux tranquilles, comme certains maîtres à la fin de leur vie, dans leur maison de bord de mer ou dans les suites louées à l'année des grands hôtels, puissants de leur œuvre parfaitement accomplie, délivrés des passions, sains et saufs de tous les combats. De toute sa voix, il aspirait à cette vieillesse, à ce bout de chemin paisible, à l'étape. De cette fougue puérile, il n'en voulait plus. Ce qu'il réclamait désormais, c'était la solidité face à l'écrasement. Mais il y avait ces montagnes, ces montagnes de morts (Duras et ses bottes fourrées, Joyce avenue de l'Odéon, Beckett et ses rides, Faulkner en bermuda à Hollywood, Baudelaire par Nadar, Hemingway dans la savane tenant un fusil) et ces mots, ces titres, allongés les uns sur les autres dans la bibliothèque. Comme dans une coupe géologique, certains, ainsi que des roches indestructibles, apparaissent comme des tranches anciennes. Par poussées, les géniaux inspiraient à la nature ses grands formats. Enfin, les autres s'étalaient comme le givre dans les espaces escarpés en épaisses couches infranchissables.

D'un seul et même entendement, toute la masse des invités s'était dirigée vers une grande porte ouverte. Dans le vaste hall désormais vide, il chercha sa femme. Posés au gré des corniches et des plantes en pot, il ne restait plus que des verres sales. Des serveuses, munies de grands plateaux brillants, allaient les rechercher un à un. Le visage de ces travailleuses s'était relâché. Certaines même s'étaient mises à fredonner des airs de chansons. Une avait remonté ses manches. Assis sur des piles de nappes pliées, de jeunes serveurs qui avaient fini de travailler les regardaient. Leur même âge, leur commune élévation sociale laissaient apparaître d'une façon éclatante les liaisons qui ne devaient pas manquer de se créer en même temps que le travail, puisqu'il les avait vus tout le temps disparaître deux par deux, un garçon et une fille, dans une arrière-salle cachée par un rideau et cela, sous des prétextes mille fois renouvelés (aller chercher des boissons, remettre des canapés sur des plateaux, changer le salé contre du sucré, revenir avec des verres propres). Il les avait vus partir là et y rester parfois de longs moments. Oui, voilà, pour lui tout devenait clair. Être serveur n'était qu'un prétexte pour accéder au monde mystérieux des serveuses. Les écoles hôtelières de Dijon, de Limoges, de n'importe où, ne préparaient qu'à ça et toutes les écoles du monde n'étaient que ça, des regroupements, des gouttes d'huile qui s'aimantent sur la surface des eaux. Les serveurs iraient avec les serveuses, les vendeurs avec les vendeuses. Combien de couples de médecins, de couples d'avocats, d'architectes ? Dans le partage idéal du monde, il manquait les écrivains. Les écrivains étaient seuls. Des couples d'écrivains ? Il en avait connu avec sa femme, un. Sinon, les serveurs avec les serveuses, ça oui. Ce couple tout à l'heure, derrière la porte, c'était eux. À tour de rôle, c'était eux, deux par deux et entre eux, c'était eux. Cette fille-là, avec sa longue queue-de-cheval serrée par une barrette, il lui était facile, même sans être romancier, de l'imaginer les cheveux défaits dans les bras de ce jeune homme un peu godiche mais costaud, toute tendue vers sa recherche de plaisir. Cette blonde juste forte cachait probablement sous son chemisier plissé une poitrine parfaite. Une fois rentrée chez elle, elle allait sûrement la dégager de sa gangue 100 % coton et, pour se délasser d'une éprouvante journée, et devant un miroir secret qu'elle aurait tiré de sous son lit, elle allait, par des caresses, en éprouver toute la lourde fermeté tout en pensant à ce qu'en aurait fait celui-là qui devait s'appeler Matthieu, ou Cédric, ou Stéphane. Il ne lui était pas nécessaire d'être devin pour voir que derrière ce travail apparemment intéressant et presque humiliant par certains côtés (l'amabilité forcée avec une clientèle indifférente et puis ce ridicule petit uniforme démodé), se cachaient des trésors de rencontres et de passions furtives entre personnes du même âge et de la même condition, car la vérité était là : aucune jeune serveuse n'aurait pu être intéressée par lui ou un autre des écrivains, tout séduisants qu'ils fussent, tout intelligents qu'ils fussent, parce que trop vieux et parce qu'ils possédaient une conversation assommante et n'étaient pas habillés à la mode et n'écoutaient que de la musique sérieuse. À l'opposé, le chanteur de variétés était parfait. L'acteur de cinéma aussi était parfait, le champion sportif également. Chez eux, la prédominance physique faisait loi. Malheureusement l'intellectuel, lui, restait à la lisière. Aux yeux du public, se dégageait de lui une odeur de poussière et de solitude. Sur la liste, il ne venait que loin derrière. Son avantage, c'était son apparence. Pour son travail, elle comptait finalement beaucoup moins que pour les autres gens. Lui, malgré son immense tentation et son désir d'être présent à leurs yeux, il s'était retrouvé pris dans un terrible amalgame. À cause de l'effet masse, le lot funeste des hommes invisibles l'avait confisqué aux regards.

Il le savait. S'il avait été, comme Lebreton, plus à l'aise physiquement, son esprit en aurait été comme appuyé. Dans un miroir au fond de la salle, ce qu'il vit de lui était un pantalon de coupe ancienne soutenant une veste trois boutons trop large un peu usée aux coudes. À nul moment, il ne trouvait chez lui cette vitalité éclatante qui jaillit de certaines personnes comme de certains acteurs, des bruns pour la plupart sauf Robert Redford. Il ne trouvait pas dans son visage trace de cette perfection comme un beau nez ou un beau menton carré ou bien de beaux yeux étirés sous un arc de sourcils bien fait sans parler du corps évidemment, sans parler de la vie qui anime tout naturellement. Non, rien de cela. Jamais il n'avait connu la joie pure de courir un cent mètres, de sauter en l'air, de traverser une piscine et de sentir tout son corps s'emplir de cette santé animale que l'on perçoit si justement chez les acteurs de cinéma. À l'école, ces exercices avaient été pour lui des supplices. Ce qu'on exigeait de ses muscles provoquait de grandes souffrances morales. Jamais il ne supporta les contrastes violents du chaud et du froid. Sa chaleur du dedans luttait dans ces parcs en hiver et finissait par capituler. Après, venait la maladie. Dans la course, il ne comprenait pas ces efforts imposés à son cœur. Les cours de gymnastique, il ne comprenait pas. L'odeur du plastique des tapis bleus, du cuir des agrès, du bois des espaliers, l'odeur écœurante de la corde à grimper, des fois, ces odeurs revenaient toutes ensemble dans son nez et c'était une souffrance massive en même temps qu'une somme de regrets, comme si ce corps, qui était malheureusement le sien, n'avait su saisir ce moment précis dans son développement où tout aurait pu lui être possible comme le déploiement par exemple, le choix de la vie physique, le paradis de la force.

Un esprit sain dans un corps sain. Cette phrase accompagna sa jeunesse. Mais elle était restée un objet inconnu dont on ne sait que faire, un outil sans emploi aperçu dans un vieil appentis.

Depuis longtemps, depuis son enfance, il s'était laissé aller. Son monde était celui du confort moyen et des obsessions. Au départ, il y avait de la paresse. La paresse était restée. Elle donnait des résultats infinis, des images mentales de corps paresseux mis ensemble, de sexes liés en veux-tu en voilà, de salive et de formes surtout, de formes lourdes et bien tournées et puis de trucs simples comme sur les murs des cabinets, une chose emboîtée dans une autre avec, au-dessous, au-dessus, plein de traits qui partaient en étoile. Pendant la gymnastique, pendant la course, pendant les points de côté qui, finalement, étaient moins douloureux pour le ventre que ces visions, que les mots *bite* et *chatte* mis en boucle, quand il fallait justement que sa machine corps marque le pas sur sa tête, et bien non seulement ces pensées toujours étaient là, mais l'oxygène, en lui noyant le cerveau, les faisait refleurir comme autant de mauvais germes. Le père, la mère, la mort, un jour, qui viendrait comme partout, le père, les petites et grandes lèvres, les métamorphoses de l'adolescence, la peau qui se transforme par endroits en zones sombres et odorantes, la machine qui se met en route. Il était impossible pour lui et dans ces conditions d'obtenir ce fameux et souvent décrit stade du *dépassement*. L'homme de la gymnastique l'avait mis au défi car il avait découvert le pot aux roses. Il ne le lâchait pas d'une semelle. Quand il lui lançait la balle, c'était toujours avec plus de force que vers les autres et pendant qu'il se déshabillait, il le scrutait sans rien dire depuis un coin sombre du vestiaire. Ce qu'il voyait ? Un tronc creux allongé de quatre membres maigres. Quand le professeur s'approchait, il se laissait prendre par les bras et se laissait secouer comme un sac flasque que l'on veut vider, se laissait pincer la peau et aussi rouer de petits coups retenus car il sentait que cet homme voulait presser hors de lui toutes ces pensées indignes, et, pendant ces séances il s'était vu effectivement apparaître dans ce regard sévère tel qu'il était : une énigme insoluble et vicieuse, une sorte de monstre sans axe vertébral. Souvent, en le prenant à part près du mur de l'école, l'homme lui exposait ses vues en matière d'éducation stricte. Il lui demandait pour ses parents et s'inquiétait. Il y avait du divorce dans l'air et lui parlait justement de durcir son action (c'étaient ses mots). Avec passion, le soir, quand il insistait pour le raccompagner jusqu'au pied de son immeuble, c'était parce qu'il désirait, plus que tout être sur la terre, sortir l'élève de son ornière morale. Pour lui, l'esprit sportif et la loi du corps comptaient plus que tout. Et lui, là-dedans, il pensait vraiment à mal. Il n'avait pas l'esprit d'équipe. Il se débarrassait du ballon comme d'une bombe. Au lieu de le remettre en jeu, il l'envoyait dans les marronniers, sur les toits. Pourtant, il se sentait traversé par la vie tout autant que les autres, ça oui. Il se trouvait habité par l'espace, extrêmement dilaté même mais c'est ailleurs que ça se passait, sur un autre terrain. Ainsi son corps resta juste en dessous de ses possibilités. Un moment, sa mère s'inquiéta. À la puberté, elle emmena son fils en consultation. On lui mesura les membres, on lui tâta ses petites bourses pas encore descendues, on lui griffa la peau avec une pièce de monnaie. Ses os fins passèrent à la radio. Rien de grave c'était. Un caractère mal fichu, un père fou qui était venu pleurer sur le berceau, peut-être. Il fallait croire aux influences psychologiques, il fallait croire l'homme de la gymnastique. Plus ça allait, plus son esprit prenait dangereusement l'ascendant sur le reste.

Les femmes n'aiment pas les hommes miniatures, on les comprend. Par chance, il rattrapa son retard. Tout d'un coup, il se mit à s'élever. Maigre, il restait, mais grand, il était devenu.

Un jour, il eut du poil. Très peu. Ça s'était mis à briller autour de ses petites chevilles et puis dans le bas de son ventre. Alors qu'il trottait nu au bord de la rivière, ça s'était mis à scintiller dans le soleil. Tout de suite, il avait dressé son sexe et était allé s'enfoncer dans les blés pour en jouir (cela faisait déjà longtemps qu'il connaissait la gymnastique, dans le bain, dans le dos de sa mère, devant des catalogues ensuite, et les revues plus tard). Tout le temps, il sentait en lui ce vide affreux qu'il lui fallait boucher, une faim de son propre corps qui grossissait et puis qui devenait au cours de la journée énorme. Il avait ce remède pour lui. Cette petite soupape que les garçons ont pour ne pas devenir fous. Alors, il ouvrait les tiroirs, et il sortait les grosses loupes et cette période n'allait jamais s'arrêter. Il se sentait presque maudit jusqu'au jour où il lut dans un livre que tous les jeunes hommes passaient ainsi par cette phase qui, disait-on, n'était qu'un stade qui lui-même allait déboucher sur un autre stade. Sur la couverture du livre, on voyait en photo un garçon torse nu et une fille en chemisette avec un coquelicot dans la bouche. À travers le fin tissu, on pouvait deviner, même sans rien n'y connaître du tout, que cette blonde probablement suédoise, ou alors simplement normande mais avec du sang anglais ou suisse, malgré son tout jeune âge, avait une poitrine absolument formée. On pouvait très bien s'imaginer que ce garçon de ferme, ou alors simplement en visite chez sa grand-mère campagnarde, en allant seul faire des tours et des tours en vélo, c'est-à-dire ne sachant que faire d'autre, avait rencontré cette fille au pair ou on ne sait quoi et qu'après un ou deux rendez-vous de pure forme et peut-être quelques baisers sur la bouche, à sa plus grande stupéfaction, s'était vu autorisé à la voir nue. Un soir, elle avait pris le jeune garçon par la main et l'avait entraîné dans les hautes herbes d'un champ abandonné derrière une fête foraine. Moi, je connais un endroit, lui avait-elle dit dans un accent tout à fait pardonnable. De ce moment, toute sa vie, il allait se souvenir. Sur le livre, la lumière du soir était *d'or,* et plus loin, on pouvait voir dans le champ la trace aplatie de deux corps.

Il s'écarta de la colonne contre laquelle, depuis un long moment déjà, il se tenait appuyé et tandis qu'il se dirigeait vers la grande porte qui avait aspiré sa femme et tout le monde aussi, il avait regardé une dernière fois en direction d'une jeune rousse occupée à rassembler des verres sur son plateau. Sans réfléchir, il en saisit deux qui traînaient près de lui et alla les lui tendre. Sur le chemin, il entendit son cœur cogner fort sous sa chemise.

Ne portes-tu pas de beaux vêtements ? se demanda-t-il. (Si.) N'as-tu donc aucun charme ? (Sûrement un peu au moins.)

À son âge, son cœur encore freinait en s'emballant. Jamais n'allait-il connaître le repos ? Il pensait à ce qu'il allait dire, au pouvoir des mots qu'il allait lui dire.

Ne suis-je pas écrivain après tout ? (Si.) Un écrivain n'est-il pas celui qui croit d'abord aux mots et qui leur insuffle toute la puissance ? (Si.)

Il s'approcha de la jeune fille. Peut-être s'entendit-il dire mielleusement Tenez mademoiselle, quelque chose comme ça, en tout cas la serveuse, toute prise par son occupation, empoigna les deux verres qu'il lui offrait exactement comme elle en avait empoigné des centaines d'autres juste auparavant. Sans doute répondit-elle un Merci, ou mieux Il ne fallait pas, ou alors, ne comprenant rien à cet empressement, ne dit-elle rien du tout, lui-même ne le sut pas puisque, sans attendre et dans une sorte de confusion, il s'était dirigé vers la grande porte que deux gardes en veston s'apprêtaient à refermer.

Comme pour un congrès ou une conférence, des chaises avaient été alignées, des chaises légères avec des pieds chromés.

Tous s'étaient déjà installés quand il entra dans la grande salle à demi éteinte. Dans la multitude des têtes chuchotantes, il chercha sa femme. Il trouva gênant tous ces regards dirigés vers lui, heureusement, la lumière s'éteignit complètement. Par terre, dans un renfoncement sombre, plusieurs personnes avaient trouvé place. On est bien assis comme ça, lui dit la jeune fille qu'il avait eu difficulté à reconnaître dans l'obscurité. Oui mais je cherche ma femme, souffla-t-il embarrassé puis, devant l'imminence du concert, il se ravisa et, finalement, dit oui. Alors, elle se poussa pour lui laisser un bout de sol libre. Il prit son manteau et le roula soigneusement sous ses fesses. Lorsqu'il se baissa, elle entendit ses genoux craquer. À travers l'opacité du noir, un instant, ils se devinèrent l'un l'autre comme deux aveugles. Merci, lui dit-il. Merci pour quoi ? demanda-t-elle.

Ses genoux remontaient sous son menton, son bassin, sûrement au bout d'un moment, allait le faire souffrir mais devant le ballet des appariteurs qui essayaient de remédier à la situation et qui, à tâtons, se déplaçaient en tous sens pour proposer de nouveaux sièges, il ne désira plus autre chose qu'être comme ça. Au milieu de toutes ces organisations, la vie revenait en livrant du hasard. C'était comme dans le Jura, quand le temps gâté venait bousculer la randonnée programmée depuis des jours et des jours, quand les nuages venaient effacer les après-midi piscine et transformaient ainsi les beaux arrangements des moniteurs en heures floues et imprévues. C'est dans ces temps morts que lui, enfant, il sentait de nouveau le sang qui circulait dans son cœur. C'est lorsqu'il voyait la pluie aplatir tous les projets, lorsqu'elle renvoyait les pensionnaires du camp sous les préaux, sous les mélèzes, dans les chambrées, en eux-mêmes, dans un abandon sans fin, qu'il revoyait la vie irriguer les nervures. Quelles heures de raffinement il connaissait alors ! Il se délectait du spectacle de ces vigoureux qui se trouvaient abattus à la première mauvaise nouvelle venue des éléments. À les regarder, il se disait qu'il devait leur manquer quelque chose, ce quelque chose d'essentiel à la vie du dedans, une sorte de fenêtre ou plutôt un soupirail ouvert sur une cour immense. Aussi cela venait d'un don naturel pour le mal tourné et les tricheries, le caché, balle en l'air, sur les toits, dans les arbres, revanches microscopiques sur ce père un peu fou qui était venu s'éponger sur le berceau. Tout ce mauvais esprit maintenant il l'avait chevillé au corps et souvent sa femme le lui soulignait dans des reproches qu'il trouvait détestables, quand il osait rire au pire instant, quand il décidait de s'en ficher n'importe où, surtout dans des moments importants, quand c'était plus fort que lui et qu'il lui fallait s'évader d'une ambiguïté qu'il trouvait insupportable, alors la cruauté de son âme se déchaînait et, en même temps qu'elle se libérait, elle le libérait lui. Ensuite, devant toutes les fureurs qu'il avait déclenchées, il disait Et alors ?

De profil, la jeune fille avait un nez fier, avec, en dessous une bouche dessinée serrée. Il voyait du chaud et du froid mis ensemble et se combattre. Il se méfiait du déroutant et se sentait bien plus à l'aise avec le neutre. Juste, il y avait le parfum. Ce parfum-là, il l'avait reconnu. C'était celui de sa femme avant.

Quand le musicien monta sur l'estrade rejoindre son piano, toute la salle l'acclama unanimement. Du dessus des têtes, il saluait. De là où il était, il le voyait disparaître. C'est juste à ce moment que, regardant par terre, il trouva le portefeuille. Il le vit tomber à la pointe de ses chaussures, sous le siège qui lui tournait le dos. Il vit d'abord une forme sombre et bombée, au début, il ne vit rien de précis, une limace brillante, molle sous le pied. Il allongea ses jambes, comme un fait simple à accomplir. Machinalement, il tendit ses jambes en avant et avec discrétion, s'assurant que tout le monde était bien occupé à découvrir à quoi ressemblait le musicien (un gros barbu en queue-de-pie, l'air un peu russe), il se replia lentement et vérifia que la manœuvre avait porté ses fruits. Il posa ensuite sa main sur ce qu'il avait su parfaitement capturer. Pour finir, il dirigea l'objet jusque dans le fond de sa poche de pantalon. Le concert ensuite commença. Son cœur palpitait. Beethoven, le parfum.

D'abord, il entendit des petits sauts tristes. Des sons qui revenaient et s'enroulaient tout doucement comme autour d'un pilier. La main gauche du pianiste ne voulait pas bouger. Entêtante, cette note. Ce grave restait là pour donner l'ordre. Du *sol*, du *fa*, non merci. La main gauche seule restait là dans le coin, derrière une porte condamnée, tandis que, de l'autre côté, dans l'autre partie du cerveau, c'était la promenade. L'air rendait les mains infidèles, ce n'étaient que des séparations, à commencer par celle de son propre esprit qu'il sentit se diviser en une multitude de brins qui, eux-mêmes, en comptaient d'autres. Ensuite, ce fut l'unité retrouvée, le quai de la gare, le retour de l'amour. Au changement de ton, le ciel devint sombre comme si le soleil s'était couvert d'un mauvais souvenir. Une descente en mineur. Goutte de citron dans la cuve de lait, elle changea la saison. En un silence, sur l'été, l'hiver avait glissé. Toute l'intensité se dirigea dans les intervalles. Le pianiste n'était sans doute pas un grand virtuose mais toute la salle le vit soudainement habité. Comme lui, il se fichait de la virtuosité, comme il se fichait de ceux qui savent brillamment manier la langue, qui jouent habilement avec les mots, les orthographiques, les grammairiens, les Oulipo, les débordants d'imagination, les découvreurs de mots rares, de ceux dont on dit qu'ils livrent un corps à corps avec la langue mais qui, selon lui, ne produisent au résultat que de douteuses figures. Ce qu'il voulait, ce qu'il voulait c'est quand Dalida pleurait des perles de diamant à la télévision. À ce moment-là, ce qu'il entendait n'était plus du solfège, ce n'était même plus de la musique et encore moins des mots mais de l'air qui se mettait à bouger et à se ramasser jusqu'à former une pâte épaisse qui ne permettait plus aucun geste, qui ne permettait plus à l'air d'être de l'air mais qui devenait ce lourd voile tissé de fibres auditives. Le rien se déployait avec ses petites plumes. Le ciel avec dessus sa vie qui passe dans un nuage. Sa propre vie clairement dépliée, entièrement revécue entre deux notes. Sa vie entière entre deux notes. Aux deux bouts du clavier, deux voix parlaient en s'éloignant sur un chemin, deux langues prises par un même soir. C'était l'heure pathétique du crépuscule, du entre chien et loup. Dehors, et sur toute l'Europe, la nature de la nuit avait repris ses droits. Ces deux voix, comme le jour qu'il ne percevait plus que derrière une colline, œuvraient pour la grande destruction des sens et des pensées organisées. Cette ombre agissait contre toute attente et, depuis les sphères, allumait ses mèches incandescentes. La panique du soir. Précipices. Falaises. Quand ils étaient serrés dans le lit l'un contre l'autre et que dehors c'était la nuit, oh comme il voulait rester comme ça. Avant de s'endormir et qu'il se sentait rétrécir jusqu'à atteindre la taille ridicule d'une poupée, il articulait une dernière fois sa jambe contre sa jambe, collait son tronc contre son tronc, son cou contre son cou pour que, juste avant la chute, les joies conjuguées de l'amour et du sommeil puissent les faire disparaître. D'eux, il n'allait plus rien rester. Deux pierres, deux squelettes dans du sable. Longtemps, ils allaient vivre comme ça, pétrifiés et diminués jusqu'au microscopique, sans bouger, sans bouger, dans une parenthèse, ensemble, elle et lui unis par les liens sacrés du mariage, à peine relever une jambe, détendre un bras, faire revenir le sang, sa femme allait-elle encore, dans un demi-sommeil, prononcer des mots incohérents, sans doute oui, il l'entendrait respirer aussi.

Entre deux variations de couleur, deux étonnements du pianiste, il n'avait osé bouger d'une position qui le faisait souffrir tellement les sons s'étaient multipliés dans l'air pesant. Ce n'était pas la Méditerranée, ce n'était pas Mariano, c'était des sommets lourds de givre avec des vapeurs accrochées. Plus tard, quand il comprit que Beethoven lui parlait personnellement, il eut très peur. Beethoven lui disait Pense lourd. Mange lourd. Travaille lourd. Cherche le *Sturm und Drang*. Abandonne la légèreté. N'écris pas de mots, écris des livres. Tu es seul. Ne te plains pas. Sois fort. Oui ! oui ! gueula-t-il tout à coup avant qu'on ne lui dise de se taire.

Soumis à l'attraction, le pianiste continuait. Ses mains, ses bras à peine relevés, son corps posé droit dans son frac queue-de-pie (c'est-à-dire dans une armure indestructible), menton posé sur le col, totalisaient au moins cent kilos sur le banc rembourré. Dans la pénombre, son regard effrayé se mit à détailler les reflets du piano sur les plaques aluminium du plafond, le trou des ampoules éteintes, les dos immobiles qui dépassaient du dos des chaises, les chevilles croisées entre les pieds chromés. Si certains n'avaient pas manqué d'enfiler des chaussettes de soie, d'avoir noué des belles cravates anglaises, d'avoir passé des chemises italiennes à col blanc, de s'être acheté des montres dorées, en comparaison, lui et les autres écrivains, loin des notables aisés, apparaissaient nus dans leurs vêtements transparents à force de sobriété. Presque aucun d'eux ne portait de ces costumes chers mais ces pulls épais ras du cou sous des vestes amples et des impers froissés. Au réveil, lui, comme les autres, s'habillait le matin d'une chemisette et d'un pantalon de la veille. Chemises, pantalons, chaussures souples et toujours la tête nue. Du léger l'été, du chaud l'hiver, aucune aisance. C'était du gris, du beige, du noir, du modeste.

Il était maintenant dans un cratère effrayant qui avait à peu près sa taille, écrasé par une masse noire. Il se vit rampant à même la boue, froid comme le Nord, tentant d'agripper un objet dur, une chaussure, un poteau, une auto, n'importe quoi de solide qui lui aurait permis de revenir vers la surface, mais il y avait toujours la musique, l'énorme magma de la musique. Parmi tous ces crânes, il eut envie de gémir et, plaignant sa femme, sa pauvre femme, avec ses crèmes, travaillée par le miroir, sa femme et son envie de s'arracher le visage, les yeux gonflés, toute petite, à peine un mètre soixante, si jeune, déjà usée, peut-être s'était-il mis à gémir réellement puisque encore une fois on lui ordonna le silence. Dans ses sentiments pour elle, il y avait tant d'admiration en même temps que de pitié. Debout avant l'aube, des provisions dans son sac, des fruits pour tenir, des bananes surtout, de son lit, il ne l'entendait même pas claquer la porte. Avant qu'il ne la rencontre, elle passait ses dimanches toute seule à Aulnay. En août, dans la chaleur des jours déserts, elle arpentait les allées à la recherche d'un point fixe. Il y avait les cafés du centre. Plus loin, un chemin longeait la voie ferrée. L'odeur du goudron, elle aimait, mais il manquait l'ombre. Ensuite c'était le soir. Elle sortait un bol et le posait sur la fenêtre. Face à la ville incendiée, elle buvait son lait. La première fois qu'ils avaient fait l'amour, elle l'avait emmené dans sa chambre à Aulnay. Quand il avait senti cet être inconnu trembler et se convulser entre ses bras, il crut qu'il l'avait fait jouir. Non, elle pleurait. La musique.

Telle une boule de feu, la musique avait propulsé son souffle stupéfiant sur la terre, sur la nuit, jusqu'à une bande de crépuscule au milieu de l'océan, elle s'était élevée très haut dans les airs puis était retombée en cloche. Après une dernière note, le pianiste tout en eau, après avoir laissé ses mains un petit instant au-dessus du clavier, s'était levé puis avait écarté son gros corps de l'instrument. En même temps qu'il se dirigeait vers le devant de l'estrade, les premiers claquements de mains se mirent à retentir comme des premières gouttes de pluie. Ensuite ç'avait été un orage sur un toit de tôle. Des cris et des bravos étaient partis des cœurs submergés.

Ils avaient traversé une grande place bruyante. Ils avaient emprunté un court instant une avenue composée uniquement de bâtiments administratifs éteints, puis ils s'étaient retrouvés au pied d'une sorte de casino illuminé. Des fausses colonnes et des plantes vertes encadraient un large vestibule. Sous des arcades, des tables avaient été dressées. Chacune portait un nom. Il y avait la table Proust, la table Maupassant, la table Voltaire et ainsi de suite. Il avait cherché la table Céline. Il n'y en avait pas.

Sur un grand panneau, chacun pouvait trouver sa place. Avec déception, il découvrit la sienne, table Malraux. Dans le fond du bâtiment, un orchestre de chambre avait commencé à jouer des musiques d'autrefois, des airs tantôt reconnaissables, comme des adaptations de chansons des Beatles ou d'Adamo et puis des vieilles rengaines sans nom comme on en entend parfois le soir, dans le hall des grands hôtels. Un moment, il reconnut l'air d'*India Song*. Même à chercher sur les grandes étiquettes montées sur pied la table Duras, il n'en trouva pas. Pas de table Céline, pas de table Duras, pas de table Beckett, pas de table Bove, pas de table Sade. Sur chaque assiette, un menu était posé. Dans une écriture penchée, les différents plats étaient annoncés ainsi :

Œufs brouillés façon Chardonne

*

Montherlant de morue

*

Giono d'agneau sauce provençale

*

Goncourt de fruits rouges

*

Madeleines

La table Malraux, par sa situation centrale, dominait les autres. Il y avait là M. le maire, Lebreton et Baccara, l'Actrice de cinéma et d'autres gens, des médecins, des écrivains à la tête bosselée et puis des femmes aux cheveux longs défaits ou rassemblés en chignon, leurs joues étaient des plages vides et puis d'autres encore aux contours flous, à la bouche floue, des bavards, séparés de deux sièges de leurs femmes, transparentes et lasses et qui tenaient toutes de minuscules sacs brillants.

Il regarda sa femme. Elle avait posé ses deux mains de chaque côté de son assiette, ses yeux portaient deux traces sombres. À côté des autres, il lui trouva beaucoup d'allure.

Avant que le repas ne commence, M. le Maire avait demandé pour l'écriture. L'écriture, c'est l'expression de sa personnalité n'est-ce pas ? À quoi tout le monde avait répondu oui. Baccara même avait parlé d'une feuille de papier, qu'entre un écrivain et son livre il n'y avait pas plus que l'épaisseur d'une feuille de papier. Le repas ensuite fut lancé et c'est d'un seul coup que tous les convives se mirent à parler par fragments.

Mon mari travaille le matin.

Le soir, j'ai très faim.

Des feuilles et des feuilles à taper. Mon éditeur prône la politique de la corbeille.

Cocteau. Vaillant. Cendrars. N.R.F.

À Dijon, tout le monde reconnaît mon mari à ses papiers qu'il tient sous son bras.

Et toujours un livre dans la poche.

Comme un accordeur de piano. Tout à l'oreille.

J'ai lu tout Proust à dix-sept ans. J'étais dans un sanatorium à côté de Chamonix. Un de ces froids. De la grêle, du brouillard. C'est simple, je ne sortais pas de la bibliothèque. Je respirais faiblement à cause de mes bronches malades, et il y avait ces phrases qui n'en finissaient pas, et moi qui n'en finissais pas d'étouffer comme Proust avec son asthme. Grâce à ça, je crois que j'ai compris son style mieux qu'un autre.

Il y a la chandelle aussi.

Le temps est long pour ceux qui ne lisent pas.

L'avant-garde, on a les chiffres.

J'ai tout essayé niveau ordinateurs mais je regrette encore mon Olivetti Lettera 32.

L'été, il faut manger gras.

Cerf. Labro. Vautrin. Le journal de Woolf. Gracq. Mauriac. Chandler.

Quand je suis face à des difficultés, il n'y a que la marche qui me décoince. La marche forcée.

J'ai deux stylos. Un à bille pour les dialogues, l'autre à encre pour les descriptions. Les mêmes depuis quinze ans.

J'aime l'odeur du feutre.

Il a fait mourir la femme qu'il aimait dans un livre. Un an plus tard, elle mourait réellement. On ne rigole pas avec ça.

J'ai lu *l'Île au Trésor* soixante fois au moins. Tout est dedans, tout.

Stendhal. Cette fluidité, je l'envie. Quand je n'écris pas, je vais naviguer sur la Saône.

Pour moi, il n'y a que le matin qui compte.

Je peux en boire un litre, ça ne me fait rien.

Seuil. Grasset. Septembre. Sollers, la bande à Sollers. « La banque centrale Gallimard ». Noguez. Nabe. *Le Monde. Libération*. Ils aiment tout, ils aiment rien. Jean-Baptiste Harang :

« *On ne vit pas de ça. Mais ça peut sauver la vie.* » Très beau oui très. *La Quinzaine*. Oui. Deux fois par hasard rue de Rennes. Un grand monsieur. À sa mort, un entrefilet dans *Le Figaro*. Huit manuscrits refusés.

Moins cher qu'une psychanalyse pour certains.

Les revues. Rien de bon depuis des années.

Le CNL on peut toujours essayer.

J'ai commencé par écrire des romans de gare. C'était bien payé. J'ai écrit ensuite des textes érotiques, beaucoup, sous un autre nom, pour un petit éditeur parisien. Ensuite, j'ai écrit mes romans mais en même temps je collaborais à des beaux livres vous savez, le genre pour Noël, *Le Grand Livre du chocolat, Les Plus Beaux Hôtels du monde*. Maintenant j'ai plusieurs noms dans lesquels je pioche allègrement au gré des commandes. Je n'ai aucun état d'âme, aucun problème d'inspiration. Je me mets à ma table et c'est tout. En vingt ans, il n'y a pas un texte qui m'ait fait honte. La honte c'est de ne plus pouvoir payer ses factures.

La montagne oui, la mer, non. Et votre femme ?

C'est important de connaître le succès au moins une fois dans sa vie. Le plus tôt est le mieux. Après, on est tranquille avec ça. On peut écrire comme on veut par exemple. L'éditeur vous fiche la paix. À plus de cent mille on vous écoute.

À deux doigts du Goncourt 89. Lui ne s'en est jamais remis.

Souvent au Flore, je le croisais. De dos, je voyais sa carrure énorme et quand il me voyait dans la glace (il tournait obligatoirement le dos à la salle) il se levait comme un ogre et m'appelait à travers le café avec la voix que l'on sait. Il avait toujours une anecdote à raconter, sur Truc, sur Machin. Jamais avare de mots durs. Il disait À l'automne, les feuilles mortes se ramassent à la pelle. Il nous manque maintenant.

Quand on pénètre dans une librairie, on constate que beaucoup de places restent à prendre.

Le roman : une forme pragmatique.

Aller au charbon. Ne pas avoir peur de se salir avec des phrases comme *Cela faisait plusieurs années que Louise n'avait pas revu Jean.* Il ne faut pas être bégueule, on y va carrément. C'est impur ? Tant pis si c'est efficace. C'est du roman.

Houellebecq a compris ça. L'impureté.

Ceux qui ne savent pas écrire. On les reconnaît grâce à leurs points de suspension.

Le point-virgule ? Je n'utilise jamais ce machin.

La peau sur la table. Avec son sang.

Tous, ils sont passés rue Sébastien-Bottin.

Aux Fins gourmets aussi (pour le gigot haricots).

Il a perdu sa mère. Depuis on n'entend plus parler de lui.

On publie trop de livres de nos jours (plus de mille). Un mal funeste qui déstabilise les Grands.

En cinquante, je travaillais à l'usine. Je ne fréquentais pas les cafés de Saint-Germain. Je ne me posais pas des questions toute la journée. Je vivais en province, dans le Tarn, et travaillais dur. Quand j'avais réuni six sous, j'allais m'acheter des livres. Malraux, London, je les lisais dans le trolleybus, dans la lumière grise de l'aube, au milieu des ouvriers qui me chahutaient. Très vite, on m'avait appelé L'Intellectuel à l'atelier, ce qui n'était pas toujours gentil. On me disait Tiens Sartre, va laver la cour ! Tiens, le poète, va remettre ce tas d'outils en place ! J'en bavais double, en même temps ça m'apprenait à rester humble. Ma revanche, c'est des fois, quand il y en avait qui venaient me demander des conseils pour des lettres. Ces lettres en fin de compte, c'est moi qui les écrivais. Des lettres à l'employeur, des lettres à leur fils en prison, des lettres à des directeurs, à des maîtresses et que sais-je encore. Ce n'était pas du philosophique, c'était du concret, du « en rapport avec la vie des gens ». Les mains sales, c'est moi qui les avais. Le soir j'étais pressé d'aller retrouver mes histoires. Après papy et mamie et le dîner, j'allumais la lampe de ma chambre et croyez-moi, après dix bonnes heures de travail, elle restait quand même allumée tard dans la nuit. C'était Dickens, London, Steinbeck surtout et les romans historiques. Céline, je le trouvais trop prolétaire. Je n'aimais pas son parlé, je n'aimais pas ce qu'il racontait, je n'aimais pas sa noirceur. Je voulais des histoires, des récits épiques. *L'Odyssée* oui, le Nouveau Roman, non. Quand je suis monté à Paris, j'étais le provincial, le prolétaire. Lire Morand n'était pas à la mode. Avec des amis, on était entrés en résistance. C'était dur de ne pas être soixante-huitard en 68. Avec mon groupe, on allait lire du Malraux tout haut dans les amphis, au milieu des sifflements, il fallait avoir du culot. Je pensais encore que la littérature pouvait changer le monde. Je crois maintenant plus au pouvoir de la politique.

En France, on pense que toute personne a au moins une bonne raison de s'y mettre. Qui a dit que la main qui écrit est le sismographe des tremblements de l'âme ?

Ce n'est pas Yves Navarre ?

Il regarda sa femme. Elle riait à présent.

Jusqu'alors, lui n'avait prononcé que deux ou

trois phrases courtes sans y croire. Ce n'était pas sa faute, simplement l'élan participatif, sans appui ferme, lui avait manqué. Très vite, sans raisons objectives, il avait senti qu'il se désolidarisait imperceptiblement du reste des convives. Au dessert, il n'était plus qu'un spectateur crispé et poli. Les repas de famille aussi lui procuraient cet engourdissement. D'abord il se trouvait dans un état normal de présence, mais peu à peu, il s'éteignait et finissait les repas dans un mutisme irréversible. Souvent, il quittait la table entre deux plats en s'excusant. Sa femme le retrouvait ensuite debout dans le couloir en train de faire les cent pas.

J'ai les nerfs dans les jambes, lui disait-il.

Tu pourrais faire un petit effort, remarquait-elle.

Après il regagnait sa place mais découvrait qu'en son absence, tout le monde l'avait jugé gravement. Beaucoup de fêtes furent ternies ainsi. Plus tard, il n'assista presque plus aux apéros. Encore moins aux soirées et goûters de sa double famille. À la fin, quand il s'y rendait, c'était vêtu d'un sourire mauvais. Quand venait son tour de parler, c'était pour dire qu'il fallait arrêter d'avoir des rapports avec les gens, qu'il fallait fuir toute forme de communication émotionnelle et c'est toujours à ce moment-là qu'un oncle, un cousin, un beau-frère lui demandait de freiner sa hargne et de s'ouvrir aux autres.

Un jour, sa femme, après un retour en voiture, lui fit comprendre que si c'était comme ça, eh bien ce n'était plus la peine qu'il vienne. L'agacement avait atteint des sommets à cause de ses textes, des courtes poésies qu'elle avait trouvées d'une cruauté inouïe où figuraient des prénoms familiaux. À bout de nerfs, elle lui avait demandé pourquoi.

Pourquoi salir ceux qui t'aiment ? En faisant ça, tu te salis et tu salis la poésie.

Rien n'est trop sale pour moi et la poésie, avait-il répondu.

C'était juste après la mort de son père. Pour lui, ce travail était venu prolonger son deuil dans une note juste. Selon lui, il n'avait jamais écrit au plus près de lui. Son recueil, *L'École du vide*, fut accueilli par ses proches d'une manière catastrophique. À force de voir le noir partout, tu nous as porté la poisse, lui avait dit un jour la seule personne du cercle qui avait commencé à le défendre avant de s'en trouver exclue. Ses poésies, outre leur violence, il pensa sincèrement que tout le monde aurait pu les aimer, elles étaient ouvertes au grand nombre, bien plus que celles qu'*ils* avaient essayé, en vain, de lui faire aimer, les hypertravaillées, les qui s'inscrivent dans une école séculaire, les élégiaques avec toutes leurs majuscules (à « Beauté », par exemple). Non, ce n'avait pas été la peine de le prendre à part et de s'escrimer. Même récités d'une petite voix blanche, ces vers ne prirent aucunement, et lui, pendant qu'il s'assombrissait en écoutant, ne pensait qu'en termes de place, qu'en termes de trouver sa place et plus rien d'autre n'apparaissait là plus préoccupant que de devenir lui-même. Sans se lever, sans aucune affectation, en détachant chaque syllabe, au bout d'une longue récitation, il avoua à sa mère que, de ça, il n'en pouvait plus.

Table Malraux, il y eut un silence, un blanc. Il regarda sa femme. Quelqu'un demanda qu'on lui serve du vin. Des couverts furent replacés de chaque côté d'une assiette. Soudain quelqu'un, une table plus loin, s'exclama Si vous saviez mon ami, dans quel pétrin je suis ! Des notes, des centaines de notes et toujours pas une seule idée ! De plus belle ensuite, les discussions reprirent.

Il regarda sa femme. Elle écoutait Lebreton. De quoi lui parlait-il ? D'un an en mission à Aden, sa maison là-bas au toit plat, ses nuits dehors, l'esprit du poète encore flottant. Il n'avait pas le droit de parler de Rimbaud. Lui en avait parlé le premier. Au café Les Trois Marronniers. Elle non plus n'avait pas le droit. Tout ce qu'elle savait sur Rimbaud comme sur Baudelaire, comme sur Mallarmé et les autres, c'est lui qui le lui avait appris. Il s'irrita. Rimbaud, avec un *d* ! lâcha-t-il tout juste assez fort pour que sa femme tourne la tête. L'Actrice, assise à ses côtés, lui posa sa main sur l'avant-bras. Mais que dites-vous ? Il sursauta. Vous savez, c'est drôle de vous rencontrer, lui dit-elle. Croyant à une méprise, il demanda Vous connaissez mon nom ?

Un jour, un petit bouquiniste de province, un jeune type, un enragé de votre œuvre (vous devriez aller le voir), il m'a dit Si ce livre ne vous plaît pas, je vous rembourse. Tout de suite, j'ai adoré. Dans ma loge je vous lisais, à l'hôtel, partout. Vous m'avez éclairée. Je jouais Strindberg. C'était tellement en harmonie (à cause de la noirceur). J'ai même songé à vous écrire et puis, vous savez, pour vous dire quoi. Je vous imaginais pas comme ça. Intouchable et désespéré, dans une sorte de forteresse. C'est bête je sais, mais quand on lit, on ne peut s'empêcher de penser à celui qui vit derrière les phrases. Vous n'avez rien publié depuis ?

Non, presque rien. Pour une revue, un pamphlet contre le théâtre.

Quel dommage.

Il baissa les yeux. Merci de m'avoir parlé, dit-il.

C'était le dessert. Les garçons en file indienne étaient venus poser devant chaque couvert une soupe de fruits des bois de la même couleur que les tentures qui masquaient les fenêtres et qui montaient très haut au-dessus des têtes. Au loin, l'orchestre jouait toujours des airs célèbres mais les notes qui pourtant sortaient des instruments toutes détachées, dans l'air brouillé de la salle, se mêlaient les unes aux autres, déteignaient les unes sur les autres, et arrivaient aux oreilles dans un ordre imperceptiblement autre comme si les musiciens s'étaient soudain retrouvés perdus sur une mer et comme si la houle les avait lentement désaccordés.

Il avait entendu Lebreton en finir avec Rimbaud. À côté de lui, sa femme avait les joues en feu, peut-être avait-elle trop bu, ce qui n'était pas son genre. Alors qu'un autre silence s'était imposé tout autour de la table, une femme demanda aux écrivains ce que l'écriture représentait pour eux.

Il y eut des réponses diverses. Quelques avis convergents. Chacun apporta sa petite pierre. Quand ce fut son tour, il y eut comme un flottement. Alors qu'il sentait peser sur lui tous ces regards comme autant de serpents qu'il lui fallait maîtriser, sans rien dire, il tendit ses bras droit devant lui et, avec ses mains, il traça un grand cercle. De là, il fit partir des rayons.

C'est le soleil ! dit un convive.

Il fit non avec la tête. Il prit la forme et la griffa.

C'est du plein ! se réjouit Lebreton. Non. C'est du vide et du plein ! Non.

C'est un trou ! Non.

C'est un nuage ! Toujours pas.

Il effaça le cercle. Cette fois-ci, il dessina un contour flou, une forme de S. Personne encore ne trouva. Alors il moulina ses bras, l'un, puis l'autre, de chaque côté de son corps, variant la vitesse et l'inclinaison à l'infini. Il essuya le regard de sa femme. Il était gros et rampant. Quelqu'un s'impatienta.

La solution mon ami !

Ses bras reprirent une position stable. Son visage adopta un air désolé. C'était tout.

Baccara déclara que c'était un peu facile.

Dans la salle, les musiciens avaient rangé leurs instruments. Les serveuses rassemblaient les nappes sales et les jetaient en boules dans de grands sacs de toile. Partout où les gens s'étaient assis, il y avait des miettes.

Dans le couloir qui les conduisait dehors, il questionna sa femme sur le dîner. Tu m'as fait honte, répondit-elle. Oh ! fit-il. Je suis désolé.

Avant de quitter le bâtiment, il lui prit sa petite main. Sous ses doigts, elle lui apparut comme moulée dans du plâtre.

Il avait suivi sa femme jusqu'au centre d'une grande place plantée d'arbres. Là, elle commença les remontrances. En levant la tête, il put voir à travers les branches nues des platanes, un ciel de nuit avec des lambeaux de nuage comme une affiche déchirée. L'air était vif. Il remarqua que ce n'était plus celui des grandes villes tièdes que ses poumons pompaient si aisément. L'air d'ici, parfaitement coupant, descendait douloureusement comme un liquide glacé avec son parfum de neige. Il s'arrêta de respirer un instant et essaya de se souvenir de l'odeur des nuits de Paris, cette odeur d'enfant endormi, son pyjama imbibé de sommeil dans le matin renfermé.

Il sortit de la poche de son pantalon le portefeuille qu'il avait trouvé. Regarde, dit il, c'est celui de Lebreton. Je l'ai ramassé pendant le concert. Tu lui as dit que tu l'avais trouvé? demanda-t-elle. Non.

Dans sa main, il soupesa son poids. C'était un Pierre Cardin. En s'assurant qu'ils étaient bien seuls, il l'ouvrit en deux sous la lumière d'un lampadaire. Sous un écran plastique, il découvrit la photo d'une femme âgée devant une maison. Sur une autre photo, une famille tournait le dos à la mer. Sur une autre encore, un enfant tenait un chat gris. J'aime bien ces photos, dit-il, j'ai envie de les garder. Sur le visage de sa femme, il lut l'effroi. Derrière un volet en cuir, c'étaient des cartes de visite. Il lut tous les noms. Aucun n'était connu de lui. Au dos de certaines, d'autres coordonnées avaient été griffonnées en hâte, des numéros de passage, sans doute, jamais composés, des numéros de rencontres lointaines, juste des prénoms liés à des chiffres. Il y en avait aussi d'hôtels-restaurants quatre étoiles avec schémas routiers pour y arriver. Et puis, il y avait l'argent. L'argent, il s'en foutait.

Elle continua. Tu vas lui rendre, n'est-ce pas ? Il répondit qu'il ne le savait pas. Pas encore. Tout cela fit entrer dans son existence des remous qu'il jugea ridicules. Le lâcher, le faire tomber discrètement le long de sa jambe aurait été possible et puis, d'un coup de pied, l'envoyer rouler auprès d'un arbre, mais il se mit à respirer l'odeur altérée des platanes et reprit son chemin. Contre sa cuisse, le portefeuille battait toujours chaque pas.

Il avait pris son épaule mais elle, au lieu de lui entourer la taille, ce qu'elle faisait d'habitude, avait gardé ses deux bras droits le long de son corps. Ainsi, ils s'en allèrent par les petites rues d'une sorte de centre historique, demandant leur chemin au hasard de rares passants. La ville faisait éclater son caractère nocturne. Quand ils n'avaient pas baissé leurs rideaux, les magasins déserts ne brillaient plus que d'une faible lueur. Les vitrines assombries laissaient flotter leurs marchandises dans le vide de la rue. Plus rien, la nuit, ne paraissait inaccessible, tout pouvait s'acheter sans aucune peine, rien qu'avec la pensée. Il n'y avait plus qu'à tendre les bras et les objets, le jour refusés et captifs, là, offerts et vivants, faisaient le reste. Un mannequin en bois essayait des chaussures, un pull enroulait ses manches autour d'un chemisier. Sur un cube, un vase changeait son étiquette. Au-dessus des toits d'ardoise, les donjons d'une construction médiévale se trouvaient illuminés dans le grésil. Ils s'abritèrent un moment sous un porche. Il avait pu, là, réajuster le col de son manteau, renifler ses mains, passer ses doigts dans ses cheveux et épuiser tous ses autres tics. Sans doute avait-il pensé en regardant la pointe de ses chaussures légèrement mouillée et puis aussi en regardant la chaussée pavée, puis l'arête du trottoir puis celle du trottoir adverse, puis la devanture vidée d'une mercerie en liquidation, puis au-dessus, une fenêtre à travers laquelle brillait un lustre à trois branches sans personne dessous, tout juste le haut du cadre d'un miroir ancien, enfin les minuscules gouttes qui flottaient sous les lampadaires, sans doute avait-il pensé à sa situation, à sa carrière et à l'ensemble des événements non définis qui l'avaient conduit jusqu'ici et puis à tout ce qui allait en découler, tout ça dans un temps très bref, dans une clarté toute relative, comme autant de faits concrets reliés imparfaitement les uns aux autres. Il lui vint en tête l'image d'une chaîne démantelée, l'image de maillons éparpillés dans des herbes folles. Des instants ne font pas une vie, se dit-il, trop de détails nuit au sens général, mais là, ce qu'il voyait, c'était un amas de fragments laissés dans l'abandon du sens, pourrissant au fond d'un jardin.

Sur leur chemin, une taverne tout embuée éclairait un carrefour. Il repensa à leur voyage de noces. C'était il y a six ans, un soir de janvier. Ce pays dans lequel ils étaient arrivés était mal éclairé et noir, seules les mosquées avaient leurs lampes et l'air qui flottait sur le Bosphore brouillait les fumées opaques des poêles à charbon. Il y eut des rues de totales ténèbres. Au XXe siècle, de totales ténèbres. Depuis l'aéroport, ils avaient traversé une ville comme à tâtons jusqu'à la lueur d'un estaminet. Ils étaient entrés. Sans un mot, on les fit asseoir et des hommes se mirent à côté d'eux. Sans un mot, on leur donna un menu dans une langue indéchiffrable. Au hasard, ils firent leur choix en pointant quelques lignes devant un serveur qui en prit bonne note. Tout d'abord, il y eut cette soupe tirée d'un chaudron fumant. Elle aurait pu se montrer appétissante, cette soupe, si elle ne s'était trouvée recouverte d'une épaisse couche de graisse qu'il leur fut impossible d'écarter avec la cuillère. Sur ce gras, on ajouta du vinaigre et puis des épices et puis des bouts de pain dur et puis de l'œuf écrasé. Tout ça avec une infinie gentillesse, avec de la délicatesse même. On leur fit comprendre dans un incroyable sabir que c'était meilleur comme ça, que c'était « à la turque » puisque, eux, la mangeaient ainsi et depuis des siècles et des siècles. En même temps, ils apprenaient des choses sur la Turquie. C'était beaucoup d'informations d'un coup. Ces deux heures, lui, il aurait bien voulu les découper en petites tranches pour les examiner ensuite une à une à la loupe dans le calme de son appartement. Quand ce fut le moment de passer au gros plat, il se sentit tout à coup si démuni devant ces gentillesses et face à cette nourriture qu'il en éprouva un grand accablement. Pour ne point rompre la douce bienveillance qui régnait dans le modeste établissement, il s'efforça d'avaler d'abord le gras du potage et puis ensuite le gras du mouton, le spongieux du pain, et la limonade, en même temps qu'il sentait sa poitrine s'effondrer sur elle-même. Le cuisinier, qui était sorti de sa guérite, avait pris place devant eux. Au milieu des autres, il fumait et regardait manger un genre de personnes qu'il n'avait, probablement, pas souvent l'habitude d'accueillir chez lui. Quand ils s'arrêtaient un instant pour avaler ou reprendre leur souffle, le voilà qui s'impatientait. Une fois ou deux, l'homme à qui il avait fallu faire honneur les avait encouragés de la tête, il les avait aidés à pousser la nourriture sur leur fourchette.

Il avait voulu voir Istanbul. Il avait voulu découvrir le monde et, pour cela, forcé sa nature passive. Pendant des jours et des jours avec sa femme, il avait tourné et retourné cette idée dans sa tête et changé mille fois d'avis. Il y avait eu ce mariage entre-temps. Allons-y en noces, dit sa femme et ce sera comme la concordance de plusieurs aboutissements. En avançant à travers cette ville, tel un somnambule les bras devant, il ne vit là aucun accomplissement, au contraire, il lui avait semblé alors que c'était le noir même de sa vie qu'il traversait. Cette obscurité, ce gras, cette *chaleur humaine* incompréhensible et oppressante, ce froid venu d'Europe centrale, venu de Russie, de Sibérie, des mers de

Sibérie, d'Odessa, de Mourmansk, des Carpates, du lac Balaton, du déshérité Kurdistan, d'Albanie, des collines de Zagreb, des terrains vagues de Roumanie, il n'avait pu finalement les supporter. De retour à l'hôtel, il les avait vomis. Après une mauvaise nuit, il annonça à sa femme que, pour lui, c'en était déjà fini de la Turquie. Dès le lendemain, il l'entraîna jusqu'à l'aéroport et acheta deux retours au prix fort.

Ils entrèrent dans la taverne. Ils s'assirent côte à côte sur un banc. Devant eux, un couple d'adolescents s'embrassait derrière une table. Une lanterne avec une marque de bière pendait au-dessus de ces deux têtes en mouvement. Il ralentit son regard. Pouvait-il, par les interstices des lèvres, apercevoir les langues ? Il s'apprêtait à s'ennuyer quand il vit dehors, à travers les petits carreaux des fenêtres, la tête dépolie de la jeune fille qui avançait dans les rayons de l'enseigne Guiness et ce fut comme un grand moment tout à coup. Les maillons s'unissaient dans la perspective. Quand elle entra, sa femme le tira par le bras, mais trop tard. Il était levé et lui adressait des grands signes. Je ne suis pas seule, dit-elle. Ce n'est pas grave, venez tous ici, répondit-il. Un grand garçon brun qui avait de longs cheveux, des sourcils qui se rejoignaient sur l'arête du nez et une grosse bouche rouge l'accompagnait. Un homme obèse aussi, un

Russe Sous sa casquette, sa tête était ronde comme une bille de caoutchouc. Enfin, il y avait l'Actrice. Comme on se retrouve, dit-elle et puis après un instant, Remarquez, la ville n'est pas bien grande.

La jeune fille prit place au milieu. Elle avait dit auparavant Voici mes amis. Et tout le monde s'était trouvé content sauf l'homme aux cheveux longs qui avait vu la soirée s'agrandir à regret. Après, les verres vides s'étaient empilés sur le guéridon et le Russe avait expliqué qu'il avait réussi à réunir Freud, Marx et Kafka en une seule fiction. Il dit Nous autres communistes dandys, devons récupérer des espaces collectifs, reformer des territoires communs et projeter ensemble. Il parla de l'écrivain dansant nu dans l'arène, soumis aux flux des caméras de surveillance d'une société panoptique. Tout au fond du pub, sur un écran, une femme noire mondialement célèbre montait dans une voiture. Elle portait un chapeau de cow-boy et aucun son ne sortait de sa bouche. Pendant la musique, elle comptait ses doigts derrière des papillonnements, des étoiles éclatées, des arbres phosphorescents (on dit que certaines villes consomment à elles seules, autant d'électricité qu'un petit pays). Ensuite, ce fut l'homme aux cheveux longs qui tenta de prendre l'ascendant. Dans les colonies, c'était déjà comme ça, les luttes. Les uns aimaient prendre l'ascendant sur les autres. Il lui dit Laissez-moi vous commander un cocktail comme on en boit chez moi. Il aurait pu croire aux bons sentiments de ce beau garçon méditerranéen, à la veste grande ouverte sur une chemise claire, mais il savait qu'il n'en était rien. Il refusa poliment et protesta avec précaution, évitant d'avoir l'air d'un rabat-joie. La manœuvre était étroite mais, par expérience, il avait bien vu que dire oui allait momentanément conduire son être vers une sorte d'esclavage. Le garçon voulait imposer sa loi. Il avait connu dans les colonies ceux qui faisaient la pluie et le beau temps dans le cœur des autres. Au début, ils se montraient en amis. Ils disaient Toi, tu es mon ami, comme ça, abruptement, en le désignant du doigt ce qui, pour lui, l'effacé, était toujours une surprise, mais qu'il finissait par croire. C'était bien d'être sous la protection des puissants. En retour, il rendait mille services. Et un jour, sans raison, ils disaient Toi, tu m'as déçu. Quoi ? moi ? Oui, tu m'as déçu. Hier, j'ai compris qui tu étais vraiment. Voilà comment ceux-là forçaient les sentiments dans le cœur des autres puis ensuite les retournaient comme une arme contre ceux qui les éprouvaient. Du jour au lendemain, ils devenaient des ennemis qu'il fallait encore convaincre. Ils semaient et récoltaient dans le limon des âmes faibles. Même à sa femme il avait dit qu'il était nécessaire de retrouver l'enchantement, l'alchimie des rencontres. Qu'en pensez-vous ? lui demanda-t-il.

Je ne sais pas.

Le Russe reprit la parole. À quinze ans, je pesais déjà soixante-dix kilos. À vingt, cent vingt. Ce n'aurait pas été un problème s'il n'y avait eu les autres. Le corps n'est pas un problème, il n'y a pas à chercher de pourquoi comment. Il y a le sport et la pornographie. Un, le corps machine, deux, le corps anatomique et rien entre. La médecine qui prend en compte ces deux aspects aurait pu m'intéresser s'il n'y avait pas eu la maladie. Je n'aime pas le corps artistique, je n'aime pas la danse, je n'aime pas ceux qui disent qu'ils font *un travail sur le corps*. En général, c'est très mauvais. C'est du réel et j'aime le réel. Il y a les annonces, le courrier, Internet. J'ai eu de bonnes surprises. J'ai connu des athlètes. Des sauteurs à la perche. Bubka, je l'ai connu. Et puis des nageurs, des boxeurs. Je les ai pris en photo. Non vraiment, il n'y a pour moi que le sport et la pornographie et puis aussi, quelqu'un qui marche dans la rue, s'assoit sur une chaise, le corps au repos, minimal. Il y a le corps des écrivains évidemment, cette zone opaque. On les voit les Américains. Le double au moins des autres. Ils sont là, dans leur Montana, dans leur Indiana et que sais-je encore, ils font le triple de main, ils coupent du bois le matin, ils vont voir leurs chevaux et après ils vont écrire. Et alors ? L'Europe c'est petit. C'est la chambre. Le cabinet proustien. C'est Kafka, c'est Pavese, c'est Handke, c'est la fatigue. En fait c'est la position du corps qui compte. Il y a ceux debout et ceux couchés. Comme moi, pensez-vous tout le temps au suicide ?

Non. J'ai peur.

C'est bien la peur. Si je n'avais jamais eu peur dans ma vie, je n'aurais probablement jamais écrit une seule ligne.

Pendant ce temps, la jeune fille avait fait dodeliner sa tête à la recherche d'un nouveau regard à rencontrer. Quand même, à une ou deux reprises, elle avait posé ses yeux sur lui et sa femme. Plus tard, elle leur dit sur le ton de la confidence Vous, vous n'êtes pas comme les autres, n'est-ce pas ? Je veux dire, tous les deux. Plus loin sur la banquette, le jeune couple s'enlaçait encore. Il les regarda un long moment. Des questions étaient devenues obsédantes. Comment cette très jeune femme s'était-elle laissé séduire par cet homme dont, sans doute, elle ne savait encore rien ? S'étaient-ils déjà connus physiquement, ou alors allaient-ils le faire ce soir ? Si oui, allait-elle oser prendre son sexe dans sa bouche dès la première fois ?

Il s'était levé et avait marché en direction du bar. Il avait voulu boire de l'eau. Sa gorge, maintenant, le faisait souffrir imperceptiblement. Il vit sa femme, la tête de sa femme dans la fumée. C'était un décor familier qui l'avait vu vieillir, une banlieue avec des petits pavillons et des arbres taillés, quelque chose à sa mesure. Il ne trouva en lui qu'une reconnaissance amère. Pour le meilleur et pour le pire, ils s'étaient unis. Sous le sceau des cendres aussi.

Un jour, le téléphone avait sonné. Un samedi à huit heures. Le téléphone à une heure peu ordinaire l'avait mis tout de suite en éveil. Dans son lit, il avait pensé instantanément Tiens, c'est mon père qui est mort. En effet, c'était ça et ce n'était pas tout à fait une surprise. Il agonisait. Ceux qui s'étaient rendus quelques jours plus tôt à son chevet d'hôpital lui avaient décrit le tableau à mots couverts. Après une vie foutue, son père se trouvait foutu à son tour. Il s'était écroulé au milieu des pensionnaires de l'hospice. Il mangeait sa soupe et puis voilà. À cause de ce côté instantané, on le crut mort, mais non il vivait encore. Coriace, la vie s'accrochait à lui comme une garce à son mari ! C'était le cerveau juste qui avait crevé. Tant de souffrances déjà à cause de lui. Son dernier lit fut sans réveil. Deux Français sur trois meurent à l'hôpital, c'est ce qu'il avait lu dans les journaux, alors c'était normal. Le téléphone ensuite à la maison avait beaucoup sonné. Le jeudi suivant, ils avaient été peu avec lui à se rendre à Albi pour la crémation, un oncle s'était glissé à l'arrière de la voiture, il faisait beau. Qu'il le veuille ou non, c'était un voyage. Il constata que les champs ici étaient très beaux et n'avaient rien à voir avec ceux de la Beauce qu'il connaissait. Là, ils montaient et descendaient. On leur avait fixé un rendez-vous à dix heures. Ça commençait en lui la peur. Ils s'étaient un peu perdus à l'arrivée d'Albi. Le soleil en face empêchait de bien voir les panneaux des carrefours. On leur avait expliqué que c'était à côté d'un Castorama qui était derrière un Speedy. Rien à faire, ils ne trouvaient pas le funérarium. Quand, avec sa femme qui n'était pas encore sa femme, ils s'étaient arrêtés pour demander, l'oncle était descendu de la voiture et était allé pisser le long d'un entrepôt qui ne portait pas de nom. L'air par la porte laissée ouverte faisait froid dans le nez, le rétroviseur se détachait sur un ciel parfaitement pur. Ils étaient là dans un grand vide géographique. Un drôle d'état flotta autour d'eux, quelque chose de simple et de pur les remplissait à ras bord, une excitante envie de vivre, une sorte d'état érotique. Pendant qu'il traversait les herbes folles, il avait vu son oncle se reboutonner le froc. Il avait pour cela relevé les pans de son imper toutes saisons. Merde! ça pince... Monseigneur! avait-il lancé avant qu'ils se remettent en route. Il essayait de se retenir aux branches. Comme un enfant saisi par le miracle de la lecture, il lisait tout ce qui pouvait se lire dans le paysage. Le slogan des affiches, le nom des magasins, oui, c'était ça le miracle de la lecture. Il lisait Mondial Moquette, il lisait Tousalon, il lisait Speedy, il lisait McDonald, il lisait Renault, il lisait Saint-Aubin, il lisait Courte-Paille, il lisait Buffalo-Grill, il lisait Aqualand, il lisait tout car il ne voulait pas voir le mort, voir comment était la peau cireuse, le coton dans la bouche et dans l'anus, la dernière toilette sur le fameux relâchement des muscles faciaux avec les yeux enfoncés profondément dans les orbites, paraît-il, comme le feraient deux pierres dans du sable mou, il l'avait pourtant mille fois imaginé. On lui avait raconté qu'on reconnaissait et qu'en même temps on ne reconnaissait plus et ce, à cause de *l'effet cadavre*. On l'avait prévenu que celui qu'il allait voir serait bien la même personne mais comme après une fuite énorme, vidée de son contenu. (Un jour, il entendit un gros bruit dans le salon. C'était son chat qui était tombé raide mort sur le tapis. Lui toujours si mouvant, si vivant avait là les yeux béants, la langue sortie et une crotte hors de son cul. Il ne résistait plus, il s'était ouvert comme une poche. Le minou était devenu une forme vide, un sac sans contenu. Son vieux chat, en un instant, était devenu le chat *d'un autre*.) Ils arrivèrent enfin devant le cimetière. Ils s'excusèrent pour le retard. Cela ne fait rien, dit une femme qui était à la fois froide et douce, la salle n'est pas encore libre. Avec sa femme, ils attendirent sous les arbres. Il était pâle, il ressentit son amour pour elle comme un fou. Elle était impeccable dans ce noir. Il la trouva si magnifique entre les tombes et tandis que le soleil couronnait ses cheveux et que des fleurs fausses s'étalaient sous ses pieds, qu'il voulut d'elle pour l'éternité. Plus tard, tout un groupe de gens terriblement accablés sortirent d'une construction en crépi rose. C'était leur tour maintenant. Des rangées de chaises (toujours ces mêmes chaises aux pieds chromés) occupaient presque toute une salle. Au mur, des posters de paysages de brume, de ciels statiques avec soleil couchant, de forêts d'automne givrées avec oiseaux parlaient de l'au-delà et puis, sur quatre pieds, le cercueil verni. Plus tard (après qu'il eut refusé de voir le début de la crémation sur un écran de télévision), lui et elle avaient déambulé dans les rues de la ville et s'étaient dirigés vers l'imposante cathédrale. Ses tours comme des bras fortifiés semblaient tomber sur eux. Sur le côté d'une façade immense, un portique chantourné encadrait l'entrée. Ils n'étaient pas croyants, mais il aurait fallu que Dieu les voie errer dans les travées à la recherche d'une accalmie. Leurs cœurs étaient des outres pleines et sur le mur peint des petits hommes en enfer brûlaient comme des fagots. Ils étaient dans leurs vêtements fripés plus chancelants que la flamme des bougies et ils n'osaient se regarder en face de peur d'ajouter leurs peines. Plus tard, dans une rue commerçante, ils achetèrent des beignets au sucre qu'ils mangèrent sur un banc dans une sorte de square près d'une rue principale, il y avait un palmier contre un mur. Il avait posé entre eux deux la grosse boîte bleue contenant l'urne tiède. Il la regarda manger dans le soleil. Ses lèvres en action dans le sucre, les cendres et la lumière. Elle dit C'est pas grand-chose, une vie. Avant qu'ils ne s'en aillent, il lui demanda Veux-tu m'épouser ? Oui, elle répondit.

Maintenant il avait envie d'une autre femme. Cela était venu comme un bourdonnement, ou plutôt comme un grésillement faible né des profondeurs et qui s'était épanoui dans son ventre. Un assourdissement était monté. Il avait senti ses membres parcourus de frissons incontrôlables en même temps que le reste de son corps se trouva saisi. Avec tout ce sang en mouvement, le petit visage osseux de la jeune fille était devenu le plus beau qu'il eût jamais vu. Énigmatique et fascinant, il aimanta son regard comme une flamme. Il découvrit dans ses gestes des manières bien à elle. S'il pouvait entendre que tous les humains se ressemblent, qu'une femme ressemble à toutes les femmes dans un grossier *Éternel féminin* avec ce corps, répété à l'infini, cet invariant dans le caractère, il savait que, dans les détails, il en était tout autre. Par exemple, il trouva merveilleusement gracieux le geste qu'elle avait de repousser ses cheveux en arrière. Dans un éclairement, il se vit vivre avec une personne ayant ce geste et devina son quotidien entièrement bouleversé. Entre toutes les femmes et avec sa femme en particulier qui avait décidé une bonne fois pour toutes, de discipliner ses cheveux en les portant courts, éclata alors l'infini des différences. C'était donc ça l'humanité ? Les variations d'un même être infiniment modifié ? Il voulut avoir mille femmes.

Quand la jeune fille se leva de la table pour aller à son tour fureter vers le bar, il se dirigea vers elle. Près du billard, il lui attrapa les épaules et lui avoua Ce que j'aimerais, c'est que vous et moi, on s'en aille ensemble. Il avait ensuite lentement approché son visage du sien. Je voudrais vous embrasser, avait-il marmonné. Ce que je voudrais, c'est une pièce chauffée où l'on puisse se fondre l'un dans l'autre, l'un contre l'autre, j'ai tellement envie d'un corps, j'ai tellement envie de ça, cela fait plusieurs mois que ma femme et moi, nous n'avons pas joui. Vous avez bu ? demanda la jeune fille. Non.

En tortillant son buste, elle tenta sans heurt de se dégager, mais il resserra son emprise. Elle évoqua un boyfriend américain. En vain. À bout de forces, vaincue et docile, elle souffla comme un petit animal blessé, il vit alors ses seins minuscules pointer le centre de la terre. Vous me faites mal, gémit-elle mais il n'entendit pas. Ce qui lui importait maintenant, c'était comment la peau de la jeune fille partait en étoile autour de son cul et comment la petite fille qu'elle avait été s'était nourrie, avait été éduquée et blanchie rien que pour cette perfection (il remercia son père et sa mère). Il la vit épuisée qui regardait le plafond les yeux en l'air. Sa tête devint un poids mort qui ballottait entre ses deux mains. Et puis un homme était venu s'interposer. Il avait dit avec un mauvais accent (montagnard ? des faubourgs ?) La demoiselle, elle est pas d'accord, une chose comme ça, qu'il trouva en tout cas grammaticalement fausse. Le garçon aux cheveux longs ensuite était venu et puis l'Actrice. Que de reproches ils avaient dans leurs yeux. Seul à la table était resté le Russe obèse. De loin, il l'avait vu à son intention lever ses doigts en signe de victoire. Sa bonne face réjouie plus celle du garçon qui, au contraire, criait Ça va pas mon vieux, composaient un maillage difficile à desserrer. Tout le bar se trouva affecté par l'incident. Pendant qu'on le dirigeait fermement vers la sortie il murmura des excuses. Quelqu'un, derrière lui, répéta à l'envi qu'il ne voulait pas d'ennuis. Ce n'est rien, bredouilla-t-il. Avant de sortir, il voulut aller chercher sa femme mais on l'en empêcha. De toute manière, elle n'est plus ici, avait dit l'Actrice, sèchement.

La neige s'était mise à tomber tout d'un coup avec force. Même si on l'avait prédit, cela devait être chaque fois une surprise pour ces habitants des vallées. Avant, il crachinait simplement et en quelques heures, le temps s'était brusquement incliné vers la neige. L'air avait cherché dans l'humeur glaciale des hauteurs les lois physiques très simples qui changent les gouttes d'eau des nuages en particules floconneuses.

La neige est toujours surprenante. On l'attend comme on attend les orages, mais quand elle vient, c'est sans un bruit. C'est le soir souvent. Au sortir du cinéma, du théâtre, on voit qu'elle est venue avec ses petits chaussons. Le matin, les volets peinent à s'ouvrir. On n'a rien remarqué encore, à part, dans les interstices, cette mystérieuse clarté et surtout ce silence. Celle dont on a tant parlé à la radio est là maintenant. Elle brûle les yeux dans son éclatante démonstration. Dans certaines régions du Grand Nord, les enfants sont dispensés d'école les jours de grosse neige. Ils restent tard dans leurs petits lits et après vont s'amuser à former des tas. La neige garde les enfants chez eux, la neige garde les enfants, la neige garde, la neige est une fée qui, lentement dans la nuit, est descendue du ciel. À chaque fois sa petite révolution s'étend sur le paysage. Elle fait des miracles. Il est bien connu qu'il ne se passe rien de grave dans ces pays de neige. Elle couve, elle veille, elle borde. Pour lui qui avait la tête renversée, la bouche ouverte, entre ses clignements, il la voyait foncer sur lui. Sur ce fond de nuit, c'était un voyage fulgurant à travers le cosmos. Oh ! comme il aurait aimé partager ce moment. Le silence s'était couché sur la ville. Rares étaient les véhicules qui s'essayaient encore à l'aventure. Elle se posait sur ses paupières, elle volait dans sa gorge et s'accrochait à ses cheveux. Il la commandait maintenant. D'ici peu, elle le couvrirait entièrement en même temps que les villes, que les champs et les bêtes des champs, que les maisons de ferme, les maisons de ville, les rues, les rues piétonnes avec leurs magasins *Tout doit disparaître*. La neige allait tout faire disparaître, elle allait recouvrir les plaines, la France des plaines et des sorties de villes, elle allait tout cacher.

Il marcha seul. En bas du Windsor Hôtel Lebreton et Baccara étaient en grande discussion. Quand ils le virent, Lebreton cria Le voilà ! et se mit à courir dans sa direction. Tous deux, ils fondirent sur lui. Lebreton l'agrippa par son manteau. Au début, il crut que c'était à cause de l'incident dans le bar, mais Lebreton dit Vas-y, rends-le-moi ! Lebreton avait dit pendant la conférence qu'il aimait que les romans parlent des problèmes de notre temps, il avait dit détester les snobs du domaine de la culture et aussi que la célébrité (il avait employé l'expression *gros lot*), ça venait trente ans après la mort alors que lui, on le voyait dans son bel appartement fleuri, dans son pigeonnier du Gard, tout ça grâce aux gros tirages, et il continuait à dire qu'il travaillait pour le futur, qu'il travaillait à sa mort. Lebreton qui pensait que *les volets clos* c'était plus beau que *les volets fermés*, n'avait plus de limites maintenant. Il s'époumonait Je sais tout, alors tu me le donnes, dis, tu me le donnes !

Il fouilla dans son manteau. Il eut bien du mal à se défendre. Baccara l'immobilisait de toutes ses forces par-derrière. Il sortit d'abord des clefs, des papiers froissés, un petit carnet à spirale puis son portefeuille en plastique qu'il jeta dans la neige. Ensuite, dans sa poche de pantalon, il trouva l'autre. Celui en cuir marron. Le trouvé. Le ramassé. Le Pierre Cardin. Lebreton le contempla avec soulagement. Devant lui, il l'ouvrit et en fit un bref inventaire tout en le regardant droit dans les yeux. Et les photos ? demanda-t-il. Il lui rendit les photos. Tout allait bien maintenant. On lui relâcha les bras. Il remit sa mèche sur le côté, remit son manteau correctement sur ses épaules, son haleine rapide et vaporeuse faisait fondre les flocons. Partout autour de lui, il y avait des traces, des centaines de traces de pas.

C'est ma femme qui vous a dit ? demanda-t-il.

Sans répondre, Lebreton s'écarta de lui et s'en alla en entraînant Baccara. C'est ma femme ? recommença-t-il plus fort. Mais à cause de la matité de la neige, au lieu de porter, sa voix assourdie resta collée à ses lèvres.

II

Il disait Toi et moi, on sera toujours comme ça. Avec ses poings, il formait deux boules qu'il tenait serrées l'une contre l'autre.

Tous les jours de la semaine, après le déjeuner, le téléphone sonnait. C'était elle. La main encore au-dessus du combiné, il le savait déjà. Jamais cette régularité ne l'agaçait, jamais. Même s'ils ne se disaient rien, même si chacun se contentait de respirer au bout du fil, aucune lassitude ne venait. Un miracle.

Le soir, elle lui demandait toujours ce qu'il avait fait de sa journée. À ça, il répondait qu'il avait fait, qu'il avait fait ce qu'il y avait à faire. Qu'il était descendu à la laverie, qu'il avait acheté des ampoules, qu'il avait couru aux impôts. Pour le reste, il n'avait pas de cahier noirci à montrer, de petite écritoire creusée, de chaise de travail un peu plus enfoncée, il n'avait que des pensées, des pensées invisibles qu'il tenait à garder rien que pour lui et qui étaient son petit secret, secret qui se prolongeait ensuite tout au long du repas et qui écrivait sur sa bouche un sourire étrange. Elle disait Tu as l'air content de toi, ce soir. Ce sourire, c'était sa dignité.

Le matin, il commençait par traîner dans la maison. Toujours en premier il allait à la fenêtre constater l'état des pots, des cheminées plantées sur les toits brillants, des gens dans la rue. Il regardait les dessins sur les pierres des balcons et toutes sortes d'objets extraits de la réalité pure qui avaient la particularité de laisser son humeur blanche. Quand il s'était dit, la veille, qu'il lui fallait aujourd'hui s'y mettre, il sentait un poids sur sa poitrine, alors il accomplissait tout un tas de petites tâches dans la maison. Des fois, il téléphonait. Il téléphonait à sa femme à son bureau, à son meilleur ami, à sa meilleure amie qu'il était contrarié de ne pas trouver car au début des journées, il y avait cette angoisse alors, au téléphone, il disait juste bonjour, il parlait de la pluie et du beau temps car il savait bien que tout ça, ce n'était que pour repousser l'instant. Dans l'air, il y avait cette sentence : aujourd'hui, tu écriras.

Dans la glace du salon, sa pâleur toujours le surprenait. Il y avait cette fatigue, cette immense fatigue qui était sans rapport avec son âge ou sa santé. Ses nuits étaient longues, mais blanches. Quand il restait en veille, quand il était tout seul dans sa petite nuit, c'était des pensées en nombre, des mots en nombre, des débuts de phrases qui venaient, des débuts qui, dans le noir, sonnaient bien quelquefois. Mais ces mirages s'évanouissent au matin. Ça ne pesait pas, ça ne résistait pas au jour, ça s'épuisait comme l'eau au soleil. Dans le lot, il y avait les mots d'hier, les anciens textes qu'il tournait et tournait encore dans tous les sens. Beaucoup de regrets apparaissaient alors, des mauvaises suées. Il mouillait beaucoup d'oreillers à ressasser la nuit. Il savait qu'il lui fallait pour le secourir revoir encore une fois les mots des grands génies, mais c'était un lait dont il voulait se sevrer. Il aurait aimé faire le ménage, ça oui. Passer le chiffon, l'aspirateur, faire place nette, mais il restait là, près de sa femme, cou contre cou, tronc contre tronc, maudissant ce repos qu'il n'arrivait pas à partager. Quand il lui arrivait de s'endormir au milieu du salon tandis que dehors, il faisait plein jour, il se réveillait dégoûté. Et puis l'après-midi arrivait. Alors il y avait un moment où ça y était. Cela coïncidait avec la disparition de la sensation du sommeil, il sentait que c'était à point (évidemment cela lui faisait peur, car on peut toujours se tromper), mais ces mots rabâchés, ces mots de la nuit revenaient comme par enchantement dans de nouveaux assemblages. Cela pouvait être partout, mais c'était souvent dans sa rue, près de l'atelier des fers forgés là où les camions déchargeaient leurs boules de ferraille, leurs tiges de fer, leurs tôles qui toutes, après, se mettaient ensemble, étaient travaillées, collées, pliées, tournées en vue d'habiles combinaisons et qui devenaient tout autre chose, des portes, des grilles ou bien des balcons. À la place de tout ça, lui, il voyait des mots. Revenu dans sa propre usine de transformation, il y avait cette grosse pelote. La pelote était en lui, elle n'était encore qu'un désordre de fils embrouillés. Le plus dur était de trouver l'extrémité, mais quand il la tenait, il lui suffisait de la tirer doucement, lentement pour que rien ne se rompe et ce n'était pas pour raconter des histoires, ce n'était pas pour inventer des personnages auxquels il fallait croire, c'était juste pour démêler le fil de la pelote qu'ensuite, il déployait autour de lui en cercles concentriques.

Le samedi avec sa femme, c'était les magasins. Le dimanche, ce n'était plus rien du tout. Des fois un bout de campagne à côté de Paris. Il attendait avec impatience le lundi pour aller retrouver son fil. Tu as de la chance, disait sa femme, toi, au moins, tu as quelque chose qui te tient, et dans ses yeux, malgré les factures qui s'accumulaient dans l'entrée, il voyait briller une sorte de ferveur qui l'effrayait.

Quand même, elle s'inquiéta pour l'argent. Un jour, elle lui dit Les autres écrivains travaillent, tu sais. Bien sûr qu'il le savait. La nuit, cela aussi le maintenait éveillé.

Il se plongea dans les annonces. Ce ne fut pas facile. C'était comme la fin d'un monde, le début d'une mécanique infernale, le commencement de l'inhumain. Quand il trouva, toute une saison, au moins, avait défilé.

Le premier jour (un jour de grand beau temps), la Grande Entreprise lui avait donné une carte plastifiée avec sa photo dessus. Ensuite, on lui avait montré un grand casier avec respect. On lui avait dit Voilà c'est ici le centre nerveux du courrier (le centre nerveux, ça lui plaisait bien, il n'aimait pas les organes mous). Tout se passa bien au début, puisqu'on le laissa tranquille seul dans son entresol pendant des jours et des jours. Il prenait ce qu'il y avait à prendre. Depuis l'ombre, il voyait fonctionner les choses, il voyait dans les cases les différentes couches de gens, mais principalement ceux des basses couches, les *nés esclaves*. Malgré leur volonté de progresser, leur misère était flagrante. Il y avait des vieux gardiens dans les entrées, il y avait des employés qui arrivaient avec des plâtres aux jambes, des impotents qui venaient quand même de peur des représailles. Il lui était impossible de leur donner un âge. Sur un tas de classeurs, il les voyait prendre la lumière à la pause, la tête en arrière, les femmes surtout. Mais il y avait pire. Il y avait les autres. À midi, ils marchaient dans les rues autour. Toujours il les voyait, à la sauvette, chercher à rapiner des congés, des minutes de congé dans le dos des chefs. Les voir sortir des beaux immeubles pour retourner chez eux, c'est-à-dire dans des lieux au confort approximatif, lui faisait bien venir le fil. Entre deux rondes de courrier, il avait le temps et l'espace pour penser, pour noter deux ou trois petites choses sur le dos d'un formulaire, sur une fiche perforée, sur n'importe quoi, parce que voilà, le travail était bête comme chou, bête à mourir même. Tout tenait dans l'art alphabétique, alors, forcément, en cinq minutes, la tâche était accomplie, après il avait tout le temps de compter les barreaux des soupiraux, de faire marcher sa tête à l'envers, de descendre comme au temps de son enfance où, pour d'obscurs problèmes d'organisation, il lui fallait rester des après-midi entiers à attendre ses parents dans une cage d'escalier. Durant des heures, il s'enivrait de ses deux genoux et d'une bille. Il regardait par une lucarne le faîte d'un peuplier et le voyait s'élever à vue d'œil. Il comptait les marbrures du lino, les rayures du caoutchouc des marches et épiait les mouvements de l'ascenseur. Un étage, deux étages, une heure, deux heures et ainsi de suite. Le temps était épais, était large, était gros, était chaud comme le sang et il n'avait rien pour le compter que le jour, l'ombre d'une grue sur les maisons d'en face, la nuit, les bruits codés des voisins. Enfant ces langueurs avaient été ses passions. Sa mère qui le voyait apparemment désœuvré sur une chaise lui disait Et pourquoi tu ne vas pas t'occuper ? Non, il était bien ainsi, tout à son vice. Chez lui, ces heures étaient d'une qualité bien supérieure à celle des voyages. Le temps était meilleur, plus voluptueux, de nature plus définie alors qu'en voyage avec ses parents et plus tard en colonie, elles arrivaient sans prévenir au milieu d'un déplacement, d'une marche sous le soleil par exemple et ces imprévus le faisaient souffrir. Dans sa chambre, les yeux au plafond, ou alors à fixer une fissure dans le pied du lit, c'est là qu'il sentait le mieux à travers son corps le temps qui passait. Les heures, les unes sur les autres accrochées, du déjeuner au goûter le remplissaient jusqu'au coucher et ainsi de suite. Sur un globe lumineux, il avait redessiné son atlas. Les grandes zones géographiques de l'ennui étaient : la Russie, les pays scandinaves (particulièrement la Finlande et le Danemark), le Portugal, la Suisse, l'Argentine, les îles d'Océanie, l'Europe centrale (la Hongrie et la Roumanie en tête). À l'opposé, les zones de non-ennui étaient : l'Amérique du Nord, la Chine, le Japon, l'Australie, l'Italie, l'Angleterre, l'Inde, l'Espagne. Il y avait enfin les intermédiaires, les pays d'ennui modéré, la France en faisait partie, l'Afrique aussi, et pour finir, les pays arabes.

Le soir, en revenant de son travail, il écrivait bien. Il avait pensé avoir trouvé le fameux équilibre. Sa femme s'était réjouie. Plus souvent aussi, ils allaient au restaurant.

Mais après quelques semaines, on l'installa en étage dans un bureau avec une fenêtre. Cela s'appelait de l'avancement. Peut-être étaient-ils (qui ?) contents de lui et avaient-ils voulu lui faire plaisir en l'occupant bien plus. Des écrans informatiques avaient remplacé le casier et il y avait des contacts avec le client. Le nouveau poste réclamait de la concentration. On attendait de lui des preuves. Il resta sans se lever de derrière son bureau, sans se tourner vers la fenêtre, sans penser à rien d'autre des semaines entières, ce qui n'était pas encore intenable sauf que, à côté de lui, il y avait un homme qu'il lui fallut copier exactement. Il avait cinquante ans, un pull beige à col en V et son visage avait l'apparence d'une flaque de lait. Accroche-toi, lui dit-elle. Il y avait l'argent encore au centre de tout. En secret, il attendit la première occasion pour tout abandonner. Elle arriva.

Un jour, elle lui parla de faire l'enfant. Peut-être était-ce venu avec l'arrivée de l'argent. Toi et moi, on est pas bien comme ça ? avait-il demandé. Cela n'empêcha rien. Il la vit qui se mit à manger sain, ne plus fumer, prendre sa température et traquer toutes les manifestations de son corps pour ensuite faire les pieds au mur et garder tout ce qu'il avait laissé dans son ventre. Il s'était découvert d'un coup en compagnie d'une bête, un mammifère affamé de descendance. Elle se mettait à rire et à pleurer en l'espace d'un seul instant. Devant tant de tiraillements, il la crut devenue folle. C'était une histoire de coutures qui lâchaient toutes en même temps.

À force d'efforts, l'affaire fut dans le sac, la folie procréatrice des cellules avait commencé à l'intérieur de sa femme. Comme il fut malade à cette annonce, alors qu'il avait vu dans les films des hommes se pâmer de joie, danser dans les mansardes, devenir subitement tendres comme des agneaux et tout mous, devenir des enfants. Ils faisaient asseoir leur femme sur une chaise, et lui ordonnaient de rester tranquille, que désormais, c'était eux qui feraient tout dans la maison. Ils posaient leur tête sur ce ventre adoré, ils écoutaient et croyaient entendre. Elles, toujours elles, regardaient leur mari avec attendrissement et d'une petite voix faible, disaient que ça allait très bien, qu'elles se sentaient très bien. Souvent à ce moment-là, elles leur passaient la main dans les cheveux. Peut-être sa femme aurait-elle voulu qu'il en soit ainsi ? Au lieu de voir son mari anéanti par une fièvre de plusieurs jours, aurait-elle préféré le voir sauter au plafond, crier sa joie au balcon, danser le sirtaki avec ses ancêtres ?

Plus tard, il avait vu sa femme se défaire goutte à goutte, se vider peu à peu et s'épuiser. Son beau-père, qui s'était réjoui de voir enfin travailler le mari de sa fille, de le voir intégrer une structure stable, lui avait demandé sévèrement pourquoi il avait quitté son emploi alors que c'était justement le moment (il lui fallait comprendre « à l'âge que vous avez ») de se montrer responsable. Voulez-vous rester pauvre toute votre vie ? Non, bien sûr, mais les journées où il n'avait pu trouver un sou ne manquaient pas. Autour de lui, on disait sans cesse qu'il n'était pas assez engagé dans la bataille de la vie et il pensait que cela était vrai en un sens, mais qu'il y a toutes sortes de combats à mener, ça oui, il le pensait aussi. Dans sa mémoire, c'était un dimanche. Il y avait eu du gigot et des haricots, du gâteau à l'orange, sa femme qui commençait à aller mieux avait acheté un bouquet de soucis blancs et avait orienté ses petits cheveux au-devant de son front. Je ne suis responsable que de ce que j'écris, avait-il répondu. C'est à ce moment-là qu'il avait commencé à voir disparaître du regard de sa Fifou cette ferveur, ce scintillement, cette confiance en son devenir. Avec ses poings lui, il continuait de former deux boules qu'il tenait serrées l'une contre l'autre.

À l'hôtel, il ne trouva pas sa femme. Il était une heure du matin. Dans la chambre, rien n'avait bougé.

Il s'allongea sur le lit et regarda à la télé des programmes sur les petits animaux des bois et puis aussi sur des personnes qui montent des entreprises à l'étranger. Plus tard, il avait entendu du bruit derrière la porte et il s'était dressé. C'étaient des touristes qui traînaient leurs valises dans le couloir, ils avaient parlé fort dans une langue étrangère, un enfant avait crié et quelqu'un avait fait chut ! et puis après, ils avaient pris l'ascenseur, il avait entendu les bagages se coincer dans la porte. Dans la nuit, un couple avait fait l'amour. Depuis son lit, il avait perçu comme des pleurs traverser le mur de la salle de bains, mais rien n'était clair et puis non, c'était la télé. Après, il avait eu froid. Quand il se réveilla, le jour était venu dans la chambre et il lui sembla sortir d'un rêve pesant. Il marchait sur une avenue. C'était sa ville. Dans des vêtements crottés, il avait maigri considérablement. Il était en bas de chez lui ensuite. Les rideaux de son propre salon avaient été changés. Il restait derrière la porte. Il fallait qu'il trouve la clef mais quelque chose l'en empêchait. La nuit. Derrière la porte, un bébé pleurait et il y avait sa femme qui s'affairait. Il reconnaissait son pas. Il lui fallait résoudre des problèmes avant d'avancer. Il y en avait des milliers. Dans ce rêve, ses gestes étaient entravés et ses pieds le faisaient souffrir. En relevant sa tête, il réalisa qu'il s'était endormi sans enlever son manteau. Il sentit ses pieds atrocement contrits. Il avait encore ses chaussures. Il se leva du lit non défait et alla éteindre la télé.

Par la fenêtre, la ville apparut écrasée de blanc. Il avait joué à reconnaître les formes, les magasins, les dômes, les clochers sous leur manteau. Il ne pouvait le croire, mais la neige avait mis de la gaieté. Au loin, la vue se bouchait. Les cimes avaient disparu, blanc sur blanc. Il avait quitté sa chambre et n'avait croisé personne dans les couloirs. À l'entresol, il regarda à l'intérieur de la salle du petit déjeuner où les tables avaient été dressées depuis la veille et cette vision, d'ailleurs, de table mise à l'avance, il ne sut pourquoi, avait opéré de façon macabre et avait éveillé chez lui quelque chose de l'ordre de la superstition. La vue de ces bols retournés, des corbeilles, au moment où il était temps d'aller dormir, l'avait rendu prudent. Il fallait passer la nuit d'abord. Attablés à présent, il y avait deux couples de gens âgés. La toilette avait rendu leur visage rose et sec. Plus au fond, un homme seul, un des écrivains, lisait un journal. Il avait poussé sa tasse salie et une corbeille vide tapissée d'une serviette en papier marquée de gras. Une cigarette brune fumait entre ses doigts, le paquet bleu était sur la table, ça sentait le café aussi.

Il regagna sa chambre, il rassembla ses affaires (un maillot pour la nuit, une trousse de toilette toute petite, une paire de chaussettes, un trousseau de clefs qu'il avait fait rentrer dans les poches de son manteau en bourrant bien avec les poings), puis était redescendu. Pas un seul instant, il n'avait pensé à se laver.

À la jeune femme de la réception qui était la même que la veille mais qui portait ce matin un pull épais à motifs géométriques, il demanda Vous n'auriez pas vu ma femme ? Non, répondit-elle avant de réprimer un sourire. Si vous voulez rire, allez-y, dit-il irrité. Je ne sais pas monsieur. Il voulut l'attendre en bas. Je vais vous ouvrir le petit salon, dit la jeune femme et elle le conduisit dans un cabinet feutré où un téléphone trônait sur un guéridon à côté d'une lampe dont le pied portait une marque de whisky. Vous voulez téléphoner ? demanda-t-elle. Non merci. Vous ne voulez rien ? Non. Un café peut-être. Non, un chocolat.

Dans la pièce sans fenêtre, il y avait une banquette cannée avec des accoudoirs usés. Les murs étaient tendus de tentures rouge foncé avec des motifs très discrets, des motifs brodés. Était-ce à cause de l'intimité de ce lieu, à cause des photos de montagnes qui y étaient épinglées, des photos comme sur les calendriers, images simples, du bleu, du blanc et au centre un petit point rouge, un train qui sort d'un tunnel, une voiture de pompiers dans un paysage vert, un chaton sur une pelouse, mais il se sentit un instant si bien en paix, qu'il resta sans bouger.

La jeune femme revint avec un plateau.

Comment vous appelez-vous ? lui demanda-t-il.

Caroline, mais mes amis m'appellent Caro.

Où habitez-vous ?

En ville. J'ai une chambre dans le quartier étudiant. C'est modeste, mais le lit est spacieux, et mes fenêtres donnent sur les montagnes. Dans mes vases, il y a toujours des fleurs et bien après mon départ, ma chambre sent encore mon parfum.

(Ses jambes étaient faibles et ses mains tremblaient. Il était au moment où l'air lui était devenu irrespirable. Cela survenait généralement après le deuxième ou troisième rendez-vous, quand il n'y avait plus ce mystère, quand il savait que ça allait arriver, que c'était même déjà là. Corps de plomb, jambes coupées, paroles fausses, impression vague que le réel fonçait sur lui. Ce cycle qui se terminait n'allait jamais recommencer.)

En vérité, dit-il, ma nature est chaste. Je laisse libres mes pensées, mais retiens mon corps. Je ne crois pas au plaisir physique et j'économise mes dépenses. Chaque centime de ma personne est compté. Au mieux, ce que je pourrais tolérer, c'est de vous regarder nue. Vous voir sortir nue de votre cuisine, ou dans un couloir, vos vêtements autour des chevilles, enroulés et parfumés.

Disons qu'il ne se passera rien entre nous, rien du tout.

Malheureusement, je sais d'expérience que ce rien me rendra triste, et plus le temps passera, plus il me rendra triste.

Voilà ce que nous ferons. Vous viendrez chez moi. Il ne sera pas trop tard dans l'après-midi. Nous mangerons d'abord le gâteau que je vous aurai préparé pour tromper l'attente et nous boirons du thé, du thé fumé. Ensuite vous regarderez par la fenêtre et vous me décrirez très précisément ce que vous verrez. Vous resterez à cette fenêtre jusqu'à la nuit, jusqu'à n'y voir plus rien. Ensuite, eh bien, vous me parlerez de cette nuit, et c'est seulement au bout de cette épreuve, que je vous donnerai mon sexe à contempler.

Je vous demanderai un petit miroir et un coussin pour mes genoux.

J'irai vous chercher celui que m'a légué ma mère avant de mourir. C'est un objet de famille. Il pèse au bout du bras tellement son argent est épais. Sur son dos, il y a un combat de cerfs tout en métal repoussé, son manche est sculpté dans une dangereuse corne pointue au bout. Tous les matins, je me sers de ce miroir. D'abord pour me coiffer, ensuite pour me regarder les dents et puis la nuque. Il me sert aussi quand je pars dans l'inspection intime de mon corps. Sa glace conserve toujours un peu de la chaleur de mon souffle et l'empreinte de ma mère morte.

Je vous appellerai, non seulement par votre nom, mais par tout un tas d'autres prénoms que l'on entend souvent, des noms que l'on connaît, des noms français.

Vous m'appellerez Nathalie, Catherine ou Isabelle. Je suis française. Un duvet blond recouvre tout mon corps. Il recouvre le dessus de mes bras et mes cuisses. De mon pubis à mon nombril, il y a un chemin blond. Je ne me rase pas les aisselles, mes amants ne me disent rien. Mon sexe est un poussin ouvert en deux.

L'été, quand ma peau est brune, il brille comme de l'or. Je ne porte presque aucun bijou, je ne me ronge pas les ongles. Mes pieds sont soignés, mon dos est droit, sans cicatrice.

Après, vous me chasserez en refermant vos jambes comme on replie un étalage, comme on descend un rideau de fer, et puis vous taperez dans vos mains pour que je m'en aille.

Plus tard, vous me regretterez. Même le nom de ma ville sur une carte, sur le quai d'une gare, lors d'une évocation, vous fera pencher en ma faveur. Les montagnes, le fait que je sache faire du ski parfaitement, bien mieux que vous en tout cas, condamnera à jamais votre cœur pour la neige. Il n'y a pas un skieur plus doué que moi. Rien, aucune crevasse, aucune pente ne me fait peur. Un jour pourtant, par imprudence, je mourrai. Je mourrai jeune et mon corps, mon beau corps blond, sera perdu dans sa combinaison, sera perdu pour tout le monde. Les glaces auront transpercé mon enveloppe. Mes boyaux pendront dans le vide. L'avalanche aura conservé mon visage intact, mais elle aura soudé mes petits yeux pleurants, le froid aura éclaté les cellules de mes yeux. Mon corps ne sera pas trouvé. Il ne sera rendu que par le dégel de printemps et, dans les vallées, tout le monde m'aura déjà oubliée.

Ensuite il en avait eu assez d'attendre sa femme.

Il était sorti et avait marché dans la rue de l'hôtel, la rue blanche. Il avait fait crisser ses pas sur le gel et avait vu ses chaussures marron s'enfoncer beaucoup plus profondément que dans un tapis, comme dans une mousse, comme dans du blanc d'œuf battu, comme dans de la farine ou plutôt du sucre glace. Sans doute aurait-il aimé qu'elle soit là, pour cette sensation de ne plus toucher terre, mais il n'était plus sûr de rien.

Livré à lui-même, il se trouva léger comme une plume, incertain dans ses déplacements, la volonté soumise au moindre courant d'air venu de l'extérieur. Il prit à gauche et puis à droite. Devant lui, une rue très en pente le découragea profondément et puis, à un carrefour, lui était venu un désir de partir. Il avait vu devant lui la journée qui s'étalait ici. Elle était plate et froide comme une plaine douloureuse et ponctuée çà et là de réjouissances organisées, de rendez-vous, de *présence amicale souhaitée*, de *verres de l'amitié*, de *tables ouvertes*, de *forums*, alors, il prit la décision de s'en aller, oui, il prit à cet instant la décision solennelle de s'en aller. Et il se mit en route, incertain quand même. Les employés de la voirie avaient déblayé la neige, jeté du sel dans les rues tout autour de la gare. Avec des grandes pelles carrées, ils avaient fait des tas entre les voitures en stationnement, des grands tas de neige sale.

Le cerveau commande tout. Il commande le mouvement, il commande la parole, il commande les souvenirs. Mais qui commande le cerveau ? Il était resté dans la gare, un peu, puis avait tournicoté dedans et dehors. Son cerveau le faisait passer d'une chose à une autre chose, courir après un intérêt neuf pour l'épuiser vite. Son cerveau voulait qu'il grappille, alors il grappillait. Sous le grand panneau des horaires, il s'animait d'un rien et se nourrissait de détails. Un homme portait une valise jaune. Une poubelle était un visage, des clous manquaient sur une planche. Et puis des trains étaient arrivés. Il aurait pu monter dans chacun d'eux. Nombreuses étaient ces idées qui venaient dans sa tête. Mais au moment de leur mise en œuvre, elles disparaissaient. La promesse de leur réalisation les chassait comme des feuilles mortes en bourgeons. À la colonie, il allait souvent au bout du chemin, jusque là où c'était permis. Il y avait toujours une barrière, une porte, une haie qui marquait la limite. Tendre ses bras vers cette limite lui suffisait. Malgré toutes ses détestations et ses ennemis, il ne cherchait pas à s'enfuir. Ce qu'il voulait en fin de compte, c'était rester. Le projet seul d'une évasion l'aidait parfaitement à alléger le poids de l'enfermement. Alors, en revenant de la gare, il se sentit résister mieux, que ses os se solidifiaient et que d'ici peu il allait devenir comme eux, dur comme de la pierre. Il décida ensuite de suivre le cours des événements, de vivre à terme. Il se demanda quels destins minuscules la fin de ces prochaines heures allait lui offrir.

Au bout d'une perspective, se dressait un grand bâtiment. Sur sa façade, des colonnes supportaient un fronton sculpté de motifs représentant des femmes à la moisson et des hommes tenant des lances. Juste en dessous était gravé MUSÉE MUNICIPAL. Au milieu d'un monumental escalier, une silhouette sombre poussait la neige d'une marche sur une autre. C'était un travail de longue haleine, presque perdu, puisque la neige, qui était tombée toute la nuit, tombait cette fois-ci du toit par plaques légères. C'était comme dans un rêve, un rêve blanc, lent et silencieux. Dans toute cette ville, il n'y avait que ça à entendre, que le raclement de cet homme et de sa pelle. Ce bruit étrange et régulier, ce bruit de métal sur de la pierre, ce bruit d'un homme au travail. Autour, les rues étaient vierges, les allées étaient vierges, les autos dormaient dans leur housse. Il était tôt, sauf pour ceux, des vieux et des vieilles surtout qui, fuyant leur mauvais sommeil, s'étaient munis de balais, de casseroles d'eau chaude, de sel, de sable, de sciure et qui avaient combattu la neige devant leur porte. Dans les parcs, dans les squares, dans les contre-allées, sur les terre-pleins, aucune trace de pas, de pneu, de bête n'était visible. Sur le capot d'une voiture, seul un enfant avait imprimé sa petite main à côté des Y laissés par les moineaux. Aussi un chien errant avait pissé sur ses empreintes.

Le musée venait d'ouvrir ses portes. Il entra. Dans les allées, il faisait froid presque comme dehors, de la buée sortait de la bouche de la dame emmitouflée qui vendait les billets. Quand même toute cette neige, dit-elle, c'est très rare.

Les salles étaient parfaitement vides. Par de hautes fenêtres, la lumière sèche des jours blancs faisait briller le vernis des tableaux. Il garda les mains dans ses poches. Un escalier volumineux grimpait aux étages supérieurs, ceux destinés à la peinture. Depuis la galerie du premier, il put survoler des sculptures de femmes couchées, un torse de guerrier, peut-être un pied moulé de Rodin, une main recroquevillée, il ne désira pas en savoir plus. Ce qu'il voulait, c'était seulement voir un peu d'art comme il l'aurait fait dans un jardin s'il avait voulu voir du vert. Il se promena au hasard des allées et des massifs, sans curiosité particulière pour tel ou tel artiste qui, pour la plupart, étaient inconnus. Quand même, dans une alcôve tendue de tissu vert, trois tableaux attirèrent son attention. Un Marquet et deux Courbet, peintres qu'il aimait beaucoup.

Le premier représentait un de ces petits aperçus maritimes, un tissage de gris, trois bonshommes comiques tenant leur chapeau. C'était du flottant, des couleurs qui n'en étaient presque pas, du rabattu. Sa femme aussi aimait. Il y a deux sortes de peintres, lui avait-il expliqué un jour, il y a ceux qui ajoutent, et puis ceux qui enlèvent. Et il y a les écrivains qui ajoutent et puis ceux qui enlèvent ? avait-elle demandé. Oui, bien sûr comme il y a le Nord et le Sud. Toi, tu es le Nord, avait-elle dit. Oui, c'est cela. L'eau de la mer était du vert frotté sur le dessus du tableau. Pour le quai, du gris passé avec le doigt. Il ne fallait pas au peintre chercher plus loin, tout était là, contenu dans ce panache de fumée vite brossé, dans ce tracé de grue, dans ces couleurs d'yeux fermés. Il aimait ce neutre. Le drame, pour lui, était le style. Toutes les couleurs des tableaux pour lui, étaient finalement moins clinquantes que les mots des écrivains. Alors, c'était lui maintenant qui frottait ses mots et les passait à l'essence comme le peintre frottait sa toile pour en effacer toutes les intentions personnelles. Ce qu'on lira, pensait-il, c'est ce qui restera. Ce qui restait là, c'était un remorqueur en baie de Seine. Sur la berge, une femme modelée par un doigt tenait une ombrelle. Un vert glauque gris et pâle peu différent de celui de l'eau recouvrait le ciel et suffisait à donner une vision parfaite du monde. Le sentiment que cet à-plat éteint provenait du résultat de mille teintes vives mêlées les unes aux autres lui fit réaliser que, dans sa mémoire, tous les souvenirs de sa vie broyés les uns avec les autres comme autant de couleurs pures aussi étaient devenus une seule et même pâte sale. Devant cette couleur, il mordit son poing pour ne pas gueuler en plein musée.

Le premier Courbet était une plage à marée basse. Dans le fond du tableau, deux barques étaient échouées sur des rochers bruns. À gauche, une ruine romantique surplombait une falaise et au premier plan mais en petit quand même, deux enfants difformes et mal emmanchés se tenaient serrés l'un contre l'autre. La petite fille portait un chiffon pendant sur la tête. Il trouva le tableau assez anecdotique. Il lui avait suffi de voir sa fameuse *Vague*, sa fameuse vague de granit et en pelure de plomb pour se convaincre que Courbet ne sentait pas le mouvement de l'eau. Cette vague, quand il l'avait vue pour de vrai, elle l'avait glacé et stupéfié. Il avait vu, repliée sur elle-même comme un épais rouleau, la mort foncer sur lui et il s'était mis à gesticuler comme un fou et cela avait fini par alerter la surveillance. Quand celle-ci l'eut écarté du tableau, il retrouva un comportement normal.

À côté, l'autre toile, sans doute préparatoire car minuscule, représentait une baigneuse. Le modèle croisait ses bras au-dessus de sa tête comme pour mieux présenter sa poitrine un peu lourde, magnifiquement restituée comme cette autre nous avait écarté ses jambes pour mieux nous montrer son sexe. De cette mer toujours aussi mal saisie, cette sublime montagne de carnation crème surgissait. C'était Mimi le modèle, Chichi de Montparnasse, Grigri la grisette. Ces aisselles, ces seins, ce cou, ces fossettes, ces plis et replis, ces régions de peau délicate et légèrement écumeuse n'étaient plus qu'une forme rose guère différente de celles qu'il collectionnait jadis dans ces revues où elles apparaissaient d'abord habillées dans la rue, en train de faire leurs courses, à la maison ou alors sur leur lieu de travail. Puis, en deux ou trois images (c'était toujours le même scénario), elles enlevaient leurs oripeaux. Ces femmes, souvent, présentaient un aspect banal et les poses qu'elles prenaient n'étaient point naïves de suggestions, elles continuaient de vivre leurs occupations quotidiennes, mais nues. Dans la cuisine, quand elles enfournaient une tarte ou un rôti, c'était pour qu'on aperçoive bien leurs culs ou leurs seins tombants. Alors que certains de ses camarades à qui il avait montré sa collection étaient restés sans rien dire, d'autres (des filles) avouèrent que c'était dégoûtant, que ça ressemblait à de l'anatomie. Elles avaient raison, et c'est pour ça que lui trouvait cela merveilleux. Sous son lit d'adolescent, il entassait des chemises par degrés d'épuisement d'un type physique. Sentir, au moment du coucher le corps chaud de son amie contre son sexe dur lui suffisait bien. Parfois il lui retroussait la manche et contemplait son coude. Entre tout, il préférait les zones neutres. Un jour, elle lui demanda Et moi, je ne te suffis pas ? Il fit oui simplement avec la tête. Pris par son mensonge, il ne put assister qu'impuissant au rassemblement de sa collection dans une grande poubelle de rue. De ces milliers d'images, sa mémoire ne garda tout au plus que deux ou trois éléments : une clavicule, un avant-bras bronzé, des fois rien de plus qu'un air sur un visage, une trace de corps dans un champ et puis des prénoms, Claudia, Maryse, Katia. Finalement, cela lui suffit.

Lentement, il redescendit l'escalier monumental, marche après marche, entre des statues d'hommes en armes. Encore, l'art l'avait considérablement remué.

Il traversa le grand hall d'entrée, le grand hall froid. De loin, il vit Lebreton qui achetait un billet. À ses côtés, comme dans un complot, il vit sa femme et Baccara qui l'accompagnaient. Ils soufflaient dans leurs mains en même temps qu'ils secouaient leurs semelles enneigées. Peut-être avaient-ils suivi ses traces dans la neige ou, au contraire, s'étaient-ils rendus justement ici pour le fuir ? Un élan premier le poussa derrière une colonne. Il resta là tout un moment ne sachant plus que faire. Il n'était pas sûr d'avoir les moyens de quoi que ce soit, soutenir un regard par exemple. Au bout d'un temps, sa poitrine se relâcha et il retrouva des forces. Il se mit debout et visa la sortie. Il les vit grossir petit à petit. Il se rapprocha d'eux. En les dépassant sans les regarder, il se rendit compte qu'il les avait crevés comme des bulles de savon. Simplement dehors, il entendit un bruit résonner, un son, une voiture qui démarre brusquement, un pneu sur le goudron, un son aigu, avec des *r* et des *o*, des sonorités incompatibles. Il crut d'abord à toutes sortes de choses, l'aboiement d'un chien, un cri d'enfant et puis non, c'était une voix et il y avait ce son, c'était bien une voix qui criait son nom.

Avant, quand il passait tous ces merveilleux soirs à écrire et qu'il sentait dans son studio le plaisir monter de la ville, il se voyait parfois gâcher sa vie. Il se voyait gravir une pente sans fin tandis que, dehors, les rues étaient pleines de gens heureux, les plages, de gens insouciants et en bonne santé et les lieux à la mode, de jeunes gens beaux et aisés. Le soir, il entendait ses voisins projeter sur lui leur plus grande intimité et il n'avait plus rien d'autre à faire que d'écouter. S'il lui arrivait de penser qu'il creusait son tombeau, qu'il ratait sa jeunesse, c'est qu'il ne voyait pas encore le promontoire. Il se sentait aveugle alors qu'il voyait double. Il savait pourtant que tout cela, un jour, allait le ramener à la vie, allait le mêler à elle, et qu'elle allait se fondre en lui, lui, semblable cosmique du vivant, miroir humain. Évidemment, dans sa nuit romantique, il écrivait des choses fausses. Par exemple, il plaignait son sort, était fragile et grognon, terriblement ennuyeux pour les autres. C'était avant elle, avant qu'elle ne lui apporte l'eau et l'électricité, avant qu'elle ne lui apprenne les grandes règles.

Et sa femme lui dit Viens, je vais t'apprendre à lier tout ensemble, et elle le força à partir dans des maisons d'été à la mer, à fréquenter les boîtes de nuit qu'il y avait sur les plages, à accepter une certaine joie matérielle, sa présence au monde sans pour autant renoncer à celui intérieur qui, de toute manière et à tous moments, était inoubliable. Même dans les séquences les plus extatiques de sa vie, par exemple lorsqu'il tendait son corps raidi sur la surface de la mer et qu'il restait ainsi sans bouger, les oreilles dans le grésillement étrange des profondeurs et les yeux dans le vide absolu du ciel et qu'il se sentait pris entre deux univers exactement comme il se sentait pris entre le réel et puis celui de l'intérieur eh bien, à ce moment c'était ça, c'était faire la planche entre les couches, flotter sans relâche dans cet exaltant porte-à-faux, sur la mince frontière entre intérieur et extérieur, aérien et maritime, public et intime, solaire et lunaire, chien et loup, écrire, c'était ça, se maintenir à la lisière. Et peu à peu ce travail, qui lui était d'abord apparu comme un refuge, devenait enfin, par ses multiples ramifications, le symbole de la vie même. Ses pensées contenaient sa vie tout entière et puis celle des autres et puis aussi tout le reste. Depuis sa tête, depuis ses lobes, il commandait la plage, il commandait les vacanciers, il dirigeait le soleil sur la mer et les bateaux comme autant d'objets dociles. Dans son monde, il reconstituait cette plage qui s'en trouvait magnifiée. Plage rouge, plage bleue, personnages par centaines sortant de l'eau, fictions en veux-tu en voilà, foisonnement de la pensée, plage mentale. Tout finissait par s'organiser tel qu'il le décidait. Debout ! Couché ! Il faisait plier le paysage à sa cause désirante. Matérialiste, peu à peu, il le devenait. C'est en ces temps qu'il avait ouvert sa propre usine de transformation. Il prenait les mots comme des briques et empilait ces briques les unes sur les autres suivant un plan. Il n'était plus question d'inspiration, de souffrance d'être, de souvenirs personnels, d'incapacité à dire, de fenêtre à gauche, de porte fermée, de cendrier, de cahier fétiche acheté en Italie, l'important était de produire, l'important était de monter des murs de mots, les façades d'une langue, une citadelle imprenable. Il ne voulait plus écrire pour se réfugier loin du monde, il voulait maintenant dominer le monde et se faire aimer de lui.

Cela marchait mieux maintenant qu'il vivait (et écrivait) pour elle.

Et arriva le Grand Soir. Quelqu'un en voulait ! Un homme, un homme derrière un bureau, une sorte d'homme d'affaires énigmatique. Elle était là, elle était là avec lui pour sauter dans la rue, pour sentir que leurs poitrines étaient devenues trop petites. Ils avaient fréquenté ensuite les magasins luxueux de la ville, ils s'étaient rhabillés de pied en cap pour leur nouvelle vie. Du costume, du chapeau, du gant, de la bottine, ils ne se rendaient pas compte. Il avait marché jusqu'à la poste avec ses enveloppes marron sous le bras. Cet homme de la poste, ç'avait été comme s'il allait compter énormément. Il lui avait dit Moi aussi j'ai essayé. Il savait ce que c'était que de poster, il était préposé. Il avait entassé les paquets et lui avait murmuré un Je vous dis merde, un peu accablant, comme si la chance avait à voir avec ces choses-là.

Dans un grand café lumineux, ils avaient cherché longtemps la place idéale sans arriver à se décider. Elle enroula ses mains tout autour de sa tasse chaude. Il regarda le visage horriblement fatigué de sa femme. Comme elle se taisait, Excuse-moi, dit-elle, je n'ai pas beaucoup dormi. Déjà, il lui était arrivé de désirer sa mort.

Il avait posé ses deux bras sur la table. Tout seul, il cherchait des réponses. Il y avait des résistances énormes.

Après la joie de la publication, tout était retombé. L'homme d'affaires l'avait prévenu. Il avait dit La poésie, vous savez, c'est très dur.

Un an plus tard, il avait eu les chiffres, ils étaient dérisoires. Moins de cinq cents. Il y avait eu des articles, quelques-uns. Des comptes rendus surtout. Six lignes. Ne vous plaignez pas, ce n'est pas si mal, lui avait dit l'homme lors d'un déjeuner dans le centre de Paris. Et puis vint le jour du désaveu. Sa femme proposa Et si tu écrivais un roman ?

Sur des terre-pleins la neige se défaisait comme un fard sur un visage fatigué. Au centre d'une place, une église à la façade sombre ruisselait comme si on l'avait tirée de l'eau. J'aimerais y entrer, avait-elle dit. Tu n'es pas obligé de m'accompagner, tu sais. L'accompagner ne le dérangeait pas.

Ils avaient poussé une porte épaisse recouverte de cuir craquelé. À l'entrée, un panneau montrait des photos d'enfants chétifs et des visages implorants de vieilles femmes. Il y avait des dessins d'enfants. Des apôtres avec des barbes en feutre. Un poster représentait une masse de visages qu'il fallait rejoindre. Plus loin, un tronc en fer blanc reposait sur une table tendue d'un drap rouge. Derrière les premiers piliers, c'étaient des bancs, des rangées de bancs vides et des chaises bien ordonnées. En haut, quelques projecteurs de fabrication moderne éclairaient le noir des voûtes de manière diffuse. Il n'y avait qu'au sommet de l'autel que plusieurs d'entre eux unissaient leurs faisceaux sur la tête d'un christ rayonnant.

Le long des promenades latérales, des petites niches interdites par des grilles abritaient des vierges sculptées et des saints peints. En tendant les bras au-dessus des barreaux, on pouvait facilement atteindre ces éternels étagements de petits gobelets rouges scintillants, ce qu'il fit. Il ouvrit ses deux mains au-dessus des flammes et prit un peu de leur chaleur mais sentit sur lui le regard désapprobateur d'un fidèle.

Il y avait une chapelle où, elle et lui, après une journée passée à voyager, avaient échoué. En Amérique. Un peu ivres, ils avaient commencé à arpenter une grande ville inconnue et, épuisés, ils s'étaient arrêtés devant ce porche qui était ouvert sur la rue. Il y avait là de la fraîcheur. Un office était en cours, un prêtre roux en chasuble verte s'exprimait avec un accent irlandais. Ils prirent place parmi les fervents. C'était calme soudain, calme et ancien, tout le contraire du dehors. En Europe, c'était la nuit et ils sentaient peser sur leurs yeux ainsi qu'à l'intérieur d'eux-mêmes la folie de ce jour double. Avant, ils avaient vu l'océan de très haut, et des côtes, puis des nuages sur des plaines, et puis pendant la descente, des routes enchevêtrées. Ils avaient dormi, s'étaient nourris légèrement, avaient regardé un film idiot, s'étaient parlé très peu.

Ils achetèrent deux bougies à un dollar. Une pour l'enfant, l'autre pour le reste. Il ne s'agissait que de superstition bien sûr. Il ne s'agissait que de deux bougies, rien de plus. Il ne pouvait, en même temps, s'empêcher de penser que c'était quand même le simulacre d'une petite prière, une imploration modeste, une requête minuscule faite au ciel, quelque chose comme *donnez-moi le courage*, phrase qu'il n'aurait jamais eu la force de prononcer.

Le ciel. Depuis le hublot de l'avion qui les ramenait, il l'avait regardé longtemps. Sur le bleu lisse, des mouches noires volaient. Là, devant l'immensité nue du vide, et alors que le tuyau qui arrivait dans ses oreilles distillait une musique de mauvaise qualité (mais qui, à cette altitude sonnait magnifiquement), il avait imploré. Au loin, la rotondité de la terre courbait sa vision de point minuscule et lui, il voulait témoigner. Il courba son esprit face au bleu sidérant du ciel et pendant que sa femme dormait, il entama sa confession :

Je ne connais pas les hommes,
je ne connais pas le monde,
je n'ai pas connu l'extrême souffrance,
je n'ai pas connu les camps, la prison, l'exil,
je n'ai pas connu la misère, la guerre, la maladie,
jamais la mort ne m'a approché,
et aucun chagrin ne m'a encore détruit,

toujours j'ai été bien nourri,
jamais mon nom n'a été traîné dans la boue,
et mon âme ignore ce qu'est la richesse,
je ne ressens pas ce que l'on nomme *la grâce*,
je n'ai pas eu de vision, de révélation,
je ne suis pas intelligent,
je n'ai pas le courage de dire non,
mon caractère faible me pousse à l'imitation,
toujours sur moi, le troupeau a raison,
je n'ai pas d'esprit critique et j'ignore la synthèse,
je ne suis pas savant quant à ma propre langue,
si je parle seulement de ce que je sais,
c'est que cela me semble bien assez.
Pourtant, pourtant,
j'ai envie.

Dans la Maison de Dieu, le bois d'une porte épaisse étouffait le son d'un orgue. Tout aussi faiblement, un enfant se faisait la voix. Devant l'autel, sa femme s'était assise à côté d'une jeune Noire en manteau. Dans l'ombre, un bébé se grattait le visage à côté de chaises vides. Il avait sur la tête un bonnet flasque en tricot qui le faisait ressembler aux petits vagabonds des tableaux. Cela lui sembla durer un long moment, un long moment plein d'une peine mortifère, alors il sortit. Sur son passage, on toussait. Posé contre une colonne, il y avait un corps. Sur le parvis, la lumière crue du dehors déchira un instant la vue d'un mendiant. Plus tard, il sentit la main d'une femme se poser sur son épaule. C'était elle. Alors, on est sauvés ? demanda-t-il. Ne te moque pas, supplia-t-elle.

Ils avaient escaladé les rues en pente du vieux centre historique, il y avait là un château qui leur sembla faux. Un pont-levis était baissé sur un fossé où stagnaient des eaux usées. Un escalier grimpait à l'intérieur d'une tour. De là-haut, il leur fut facile de comprendre la ville, de voir ce qui était en haut et en bas, les parties centrales qui apparaissaient découpées comme des portions de nourriture, les différents axes commerçants, des veines, les secteurs neufs transplantés en bordure d'avenue. Par-delà les toits blancs et fumants et les clochers sonnants, toujours il y avait les montagnes qui se dégageaient. Elles paraissaient blanchies et neuves comme un mur repeint de frais. Entre les deux, on devinait une campagne de bocage encore fière malgré les grands travaux. Des arbres semblaient manquer à certains endroits, on apercevait des grues et des engins à l'arrêt, on était dimanche. À leurs pieds, les habitants grands comme des ongles sortaient des temples et tiraient des charrettes. Les hommes portaient des boîtes et les enfants des fleurs. Tout s'ordonnait en bas comme il le fallait, les jeunes allaient avec les jeunes, les vieux avec les vieux. En haut, le jour se faisait plus intense. Le soleil, derrière le voile du ciel, était un disque vague qui prenait de la vitesse. Enfin, elle parla. Trois phrases courtes. Il y a ce truc mauvais qui brûle en toi. Il faudrait que tu t'en débarrasses. Les femmes aiment bien les hommes apaisés, tu sais. Cela était venu lentement d'elle comme un grand soulagement, comme une respiration après une immense retenue. Il n'avait presque pas froid. Il aimait la vue et l'air autour, finalement. S'ils le souhaitaient, il leur était possible, pour un franc, d'employer des jumelles, mais ni lui ni elle n'en avaient eu l'envie.

De là-haut, il vit sa vie étalée exactement. Elle avait sa géographie, sa logique physique, ses cours d'eau, son architecture générale. Tout, comme dans un paysage, était réfléchi. Ce qui lui paraissait naturel était contrôlé en sous-sol. Un sapin ne poussait pas sur de l'argile comme les villes, souvent, fleurissaient au bord des fleuves. Les routes conduisaient bien d'un point à un autre et il lui était possible de suivre leur trajet dans le temps. Il fit aller son regard dans les lointains et s'adonna à une sorte de contemplation générale. Ce qui ressortait en premier lieu, c'était sa nature. Si certaines personnes relevaient de caractères montagneux ou maritimes, ce qui les poussait par conséquent à s'enthousiasmer pour les grandes choses, lui en revanche n'était qu'une plaine tiède. Sur cette plaine, à la longue (par laisser-aller), s'étaient greffé des routes, des champs, des pylônes, des échangeurs, des maisons et des zones commerciales. Ce qu'il vit, c'est un fatras complexe qu'il se mit ensuite à découper par grands blocs puis de détail en détail, il arriva à isoler des instants. Sur un talus, c'était une chute de vélo et son genou qui pissait le sang. Plus loin, un bosquet d'arbres était une lettre écrite de la main d'un amour passé et qui revenait après des années de silence. Cette main avait écrit *J'habite la province maintenant et j'ai encore de très beaux seins.* Ç'avait été compliqué, mais, sans rien dire, il avait pris le train, ou plutôt si, il avait dit Je n'en ai que pour vingt-quatre heures, il y avait eu quelques serrements de dents, évidemment. Sur le quai de la gare, cette femme réapparut. Il l'avait vue exactement pareille que dans le temps. Le voyage l'avait longuement chauffé. J'ai encore de très beaux seins. Ils avaient marché dans un parc la nuit (dans cette ville, il y avait un parc, un fleuve et un château). Il y eut des chatteries, de la pluie, n'importe quoi. Dans les lumières orange du château, il avait dit à cet amour de jeunesse Dans quelques jours, je me marie, et elle, elle avait répondu qu'elle s'en fichait, qu'elle couchait avec ses cousins, et puis des hommes âgés amis de ses parents. Des hommes sinon, elle en avait eu plein d'autres. Ses meilleurs amis, des collègues, des psychothérapeutes, des directeurs régionaux. Tout ça, pendant leur liaison. Le corps pour elle, c'était une religion. Ce corps pour lui, qui lui échappait sans cesse, était devenu un mélange de haines et d'atroces convoitises. J'ai encore de très beaux seins, elle avait dit au téléphone. Bien que jamais pareille chair ne l'eût fait autant souffrir, il avait accouru. Plus loin, dans un champ, à un carrefour, c'était un autre souvenir et puis dans un fossé, encore un autre, près d'un lotissement un autre encore. Un soir, en revenant de la Grande Entreprise il avait trouvé sa femme pliée en deux sur le sol. Autour d'elle, que des mouchoirs mouillés. Pâle, elle dit L'enfant. Quoi l'enfant ? Je ne l'ai plus. Je l'ai fait sortir de mon ventre. J'ai décidé. Dehors, au même moment, il avait entendu un grand bruit. Sur le boulevard, une voiture était rentrée dans une autre. Assis sur ses talons, il réalisa tout d'un coup en lui serrant la main que, peut-être, sans doute par sa faute, il y avait eu un grand basculement et que lui et elle, jusqu'à cet instant, sans le savoir, avaient été heureux à un point qu'ils n'allaient plus jamais connaître. Ce qu'il voyait devant lui, c'était la récession. Par la fenêtre, des oiseaux étaient passés d'un arbre à un toit et puis, profond en lui, une bulle au goût ignoble était montée comme un soulagement. Puisqu'il en est ainsi, avait-il dit, je peux quitter mon emploi. Le problème était ces surfaces intermédiaires, ces terrains vagues, ces chantiers abandonnés, ces saignées. Selon lui, leur nombre avait défiguré sa vie.

À la médiathèque, plusieurs écrans projetaient en continu des portraits de personnalités. À droite, on demandait à une femme célèbre quelle était sa photo préférée. Elle disait que c'était celle où on la voyait donner le sein à son enfant. Elle disait que dans cette image il y avait tout. Dans ses livres, elle parlait ensuite de son mari, de ses enfants. Elle écrivait *mes gamins*, elle écrivait *ma baby-sitter* elle écrivait *culpabilise*. Elle écrivait *ma sœur m'a fait culpabiliser.* C'était une mère, elle avait une vie de famille, elle avait en plus du succès, elle avait tout. Tout quoi ? Elle torchait le nez de ses enfants, elle les changeait, elle faisait couler leur bain, elle disait *mes gamins*, elle écrivait comme elle parlait, au milieu des jouets et elle montrait cette image de sein. Elle s'adressait à toutes les femmes du monde et on criait au phénomène. Les femmes justement, en masse, la lisaient.

Sur un autre écran, un homme aux cheveux blancs marchait sur une plage. Une voix lui demandait s'il venait souvent ici trouver l'inspiration. Il disait aimer la mer. Son grand-père, pêcheur sur les terre-neuvas, partait parfois six mois loin de chez lui. Il parlait ensuite de l'écriture comme d'un embarquement. Il dit L'écriture emmène loin de chez soi, emporte les corps vers le large, éloigne des siens. Il portait une casquette, fumait la pipe et ses yeux se cachaient derrière deux fentes étroites. Il faisait traîner curieusement certaines syllabes. Personne ne savait si c'était parce qu'il avait du sang étranger.

Ailleurs, une femme évoquait ses mots articulés autour du vide, inscrits dans une architecture aérée. Derrière elle, une grande bibliothèque montait jusqu'au plafond. Il y avait une cheminée et des cadres sur un mur. Sur une photo aux tons anciens, on la voyait enfant avec sa maman dans une petite voiture de course devant une belle maison, Cocteau au loin dans un costume oriental. On la découvrait jeune, cette femme, donnant le bras à Sartre. Ses mains, à présent, tremblaient légèrement.

Ailleurs, un homme jeune marchait dans les rues d'une grande ville, vêtu d'une chemise bleue à manches courtes et d'un pantalon d'été clair. Tout de suite après, il portait un pull et ce n'était presque plus le même homme. Il avait vieilli. Maintenant il était assis derrière un bureau. À sa droite, une fenêtre ouvrait sur des arbres et des toits. On le voyait écrire, on ne voyait rien donc.

Encore une autre. Sa tête remplissait tout le rectangle. Ses lèvres en action laissaient échapper une parole, une parole qui ne semblait pas adaptée au visage qui la contenait.

Il y avait un mort enfin.

Au moment où il allait s'éloigner de sa femme, il demanda Reconnais, tu m'as trahi, non ?

Sans rien dire, elle se tourna une dernière fois vers les écrans scintillants. Sur l'un d'eux une femme se tenait droite dans un fauteuil. Elle regardait en face d'elle, son regard visait le centre de la caméra. Elle disait ne pas avoir peur, pourtant ses joues étaient creuses comme celles des mourants. On lui demandait ce qu'il fallait comprendre. Elle répondait qu'il n'y avait rien à comprendre.

Un autocar avait reculé devant l'hôtel et avait effectué des manœuvres tout en prudence. Ce n'était pas encore le moment du grand départ, ces préparatifs simplement s'agençaient autour de ce que les organisateurs avaient appelé « l'excursion », mais, comme dans une pièce de théâtre, tous les acteurs s'étaient retrouvés réunis pour jouer le dénouement.

Quand ils furent en place, il leur fallut attendre longtemps pour voir le chauffeur (un ventru avec une moustache) revenir. Dans sa main, il tenait un sac écossais rouge d'où dépassait le bout d'un sandwich. Quand il gagna sa cabine, il y eut des applaudissements dans le fond du car. Le chauffeur actionna des manettes, ajusta son siège et d'autres volets et déclencha la porte qui imita le bruit d'un ballon crevé. Le moteur, lui, pendant tout ce temps n'avait cessé de ronfler, distillant son odeur écœurante jusque sous les vêtements, jusqu'à l'intérieur des passagers.

Ils avaient traversé des faubourgs, des petites campagnes blanches, des hameaux qui portaient des noms de rivières. De la fumée montait des toits. Des odeurs de foin macéré leur parvenaient pendant une seconde, ensuite c'étaient celles du bois que l'on brûle. Toutes ces odeurs se chassaient les unes les autres comme une bordure d'arbres entre deux enclos chassait un aboiement. Il arrivait que le bord de la route se garnisse de piétons, de femmes avec du pain, d'hommes âgés en anoraks, d'enfants joyeux. Le vrombissement de l'autocar leur faisait lever la tête. Devant, le ruban de la route tournait de gauche et de droite. Le chauffeur, pour conduire par temps de neige, avait chaussé des lunettes vertes de forme américaine et portait des après-ski aux semelles sculptées pour appuyer sur les pédales. Les manches de son pull épais étaient relevées. Des voix idiotes tombaient de trous disposés au plafond, des voix qui semblaient venir d'un autre monde, et qui scandaient *on va fluncher*, ou *quand ça va, c'est Castorama, on est mieux chez Conforama, ça se passe comme ça chez McDonald.* Après c'était des chansons, des rires, des voix encore et il se souvint qu'enfant, déjà, pendant les longs trajets (souvent nocturnes) qui le conduisaient vers les camps d'été, c'étaient les mêmes sons. Ces voix et musiques stupides, il les retrouvait là, intactes. C'étaient les mêmes chauffeurs aussi.

Des hommes de petite taille avec ou sans moustache, parfois avec une barbe bien taillée, en tout cas avec ces mêmes lunettes de forme américaine, cette tranquillité, cette endurance. Il contemplait leurs épaules raides toute la nuit, leurs nuques bleues aussi et leurs avant-bras. Au milieu du trajet, c'était toujours la nuit, c'était une heure sans heure, les chauffeurs marchaient le long du car sur un grand terre-plein, parfois un chiffon à la main, vers les pneus, une cigarette à la bouche, un air sur les lèvres. Leurs visages étaient lisses, ils n'étaient jamais fatigués. Ces hommes savaient résister comme personne tant à l'obscurité qu'aux lumières violentes. Ils étaient indestructibles. Il les regardait à travers les vitres floues du car (c'était le silence enfin, tout le monde dormait, même les moniteurs, même les bruns, même les *en avance*), il regardait leurs corps puissants s'étirer dans l'air froid. Ils portaient juste un petit pull de couleur neutre, parfois simplement une chemise à carreaux. La buée de leur souffle, la fumée de leur Gitane, leurs paroles en l'air, vraiment, il les enviait. Leur solitude, il la trouvait belle. Après avoir conduit, c'est-à-dire après avoir accompli leur mission, allaient-ils seulement boire un café chaud et manger un bout de pain, debout dans le grand réfectoire vide que déjà, ils repartaient. Quand il les voyait remonter dans leur machine, c'était encore un arrachement. Les chauffeurs allaient retrouver leur cabine. De là, ils seraient maîtres de leur engin, libres de leurs pensées, le corps dans le repos de la conduite, ou alors dans les micro-agissements de la conduite, tourner à peine le volant, rentrer une vitesse, appuyer doucement sur une pédale, un doigt pour abaisser un levier, sans radio ou alors avec, loin de tout, juste dans le déplacement d'un corps immobile, comme en une sorte de lecture, les yeux seuls en mouvement et lui il voulait vivre pareil.

Par peur des tournants, il avait tenu à s'installer à l'avant. Parce que dans le Jura encore, il avait été malade à cause d'eux. Il avait vomi une banane et un peu du gâteau que sa mère lui avait posté. C'est pour ça que depuis, dans les transports, il devenait muet et concentré comme à l'imminence d'une catastrophe. Il s'était rappelé que dans le Jura, cela avait débuté par une sensation dans les jambes, le coton, puis partout ailleurs. Le tournis avait fait flotter son tronc dans un roulis étrange et cela l'avait inquiété pour la suite. Il avait porté toute son attention sur les choses éloignées, sur des objets rassurants comme le bord d'un nuage, la forme d'un arbre, une bête dans un champ, une borne sur un talus, cela marcha un temps, mais, face au combat inégal du coton galopant, il avait ensuite baissé les bras. Ça avait été très vite. Il s'était d'abord trouvé sans consistance, il avait senti sa bouche se remplir sans raison de salive, comme une faim à l'envers, et puis il s'était soulevé d'une façon extraordinaire une fois, deux fois d'abord à vide (il avait vu une stupeur s'afficher sur les visages des autres comme en miroir) et puis c'était sorti, immonde et brûlant comme une lave, la banane, le gâteau, dans une bile chaude et pâle, pire que de la merde (de la merde non digérée) dans son odeur à faire vomir. Loin de sa mère, il avait taché son blouson et son pantalon. Si elle avait su. M'dame'a bidule qu'a dégobillé ! ça chlingue m'dame, c'est dégoûtant ! Petit garçon sale et disputé par les organisateurs. Quand on ne se sent pas bien, on le dit, on prévient, on dit madame, j'ai envie de vomir, alors on va chercher des sacs en papier, une bassine, je sais pas quoi, on prévient le chauffeur pour qu'il s'arrête, on fait ce qu'il faut faire, en tout cas on reste pas comme ça sans rien dire en attendant qu'il soit trop tard et que ça sorte comme ça, sur toi, sur tes habits propres, ils étaient propres n'est-ce pas ? au milieu de tes camarades, sur les fauteuils et regarde comme tout est souillé maintenant, pouah ! quelle infection ! il faut parler, il faut dire quand ça va pas, tu as une langue, non ? tu sais t'en servir. (Devise des premiers jours : motus et bouche cousue. Garder tout pour soi autant qu'on peut. Ne rien donner. Ne rien rendre. Fermeture totale. En même temps : ne pas perdre une miette. Ne pas quitter son poste d'observation.)

Au bord de la route, seuls des murets bas séparaient l'autocar du ravin. Il s'imagina qu'à la suite de ces jours épuisants, de cette existence épuisante, à cause de tous ces moments où, sans raison, il se mettait à aller mal, eh bien lui, devenu fou, il se serait précipité vers le grand volant et (on dit que les fous, dans leurs crises, possèdent une force qu'on ne peut maîtriser) l'aurait arraché des mains du conducteur impuissant. Il aurait vu le premier l'avant du car défoncer la barrière en fer-blanc ou le muret comme un rien. En premier, il aurait vu le vide remplir le pare-brise, les petits arbres tout en bas, les routes minuscules, les maisons miniatures et puis tout aurait tourné. L'autocar long et mal équilibré aurait basculé sur le côté. Lebreton, d'abord, se serait trouvé précipité vers une fenêtre et il l'aurait crevée, laissant au passage des lambeaux de vêtement et un œil. Ensuite toutes les masses des corps se seraient cognées les unes aux autres, la sienne fondue dans celle de l'homme obèse, le corps disloqué de Baccara entre les bras coupés de la jeune fille. Il y aurait eu d'autres combinaisons inédites, d'autres alliances comme un homme et une plaque de tôle, l'un dans l'autre, unis, une branche de sapin épousée par une chevelure, un rein enrobé de neige, un homme meurtri par ses affaires dans les rembourrages en vrac. Les intimités de tout le monde mises ensemble. Dans la chute, ils auraient tous été mis ensemble, liés dans le malheur, livres abandonnés, textes inachevés, femmes éplorées, familles amputées d'un coup, destins tragiques, funeste imprévu.

Quand il avait des mauvaises pensées, par exemple évoquer la mort de quelqu'un de vivant, il arrivait que parfois cette petite chose née dans un coin de sa tête se mette à grandir jusqu'à atteindre des proportions si obsédantes, qu'il se trouvait coupable d'un crime. Ainsi, pendant la représentation d'une pièce de théâtre, il pensait à l'éventualité qu'il puisse se lever de son siège pour hurler aux comédiens que c'était bien ou qu'il en avait assez, chanter une chanson, crier son nom, faire n'importe quoi pour attirer l'attention. Il se disait que cette idée était folle, aussi folle que de se mettre à rire pendant un enterrement, de se mettre nu dans le métro, de dire à des inconnus qu'ils sont beaux, qu'ils sont laids, et il n'écoutait plus rien et vivait soudain dans la peur de lui-même. Dans l'autocar, il n'avait en tête que son envie de rendre et puis la peur de rendre. Était-il possible qu'il perde le contrôle de sa propre personne ? Était-il possible que, dans une demi-conscience, il puisse faire jaillir sur le chauffeur toute la bile démoniaque qui lui montait à la gorge ? Ce dernier, les yeux brûlés, aurait lâché les commandes et puis tout aurait basculé, sans un cri, très soudainement, parfaitement. À sa femme qui se tenait à ses côtés silencieusement, les genoux croisés, les mains cachées, il avait dit Regarde-moi, regarde-moi si je me lève. Surtout ne me quitte pas des yeux. Surveille mes moindres gestes. Elle ne s'inquiéta pas et haussa les épaules. La salive envahit sa bouche. Il sentit la mousse qui bouillait. Sa femme avoua tout haut sa pâleur. Tu ne te sens pas bien ? demanda-t-elle enfin. La salive alors disparut de sa gorge.

L'autocar laissa sur le grand parking quatre traces épaisses. Quand les écrivains atteignirent une sorte d'auberge d'altitude de la forme d'un grand chalet mais dont la façade, malheureusement, était en ciment gris, il avança d'abord seul jusqu'à une sorte de belvédère mais fut rejoint par l'Actrice. Déjà, il y avait un homme qui portait un bonnet rouge. Il ressemblait à un moniteur de ski ou à un guide de montagne. Son teint était brun et il semblait parler savamment à l'enfant qui l'accompagnait des sommets qui s'étalaient tout devant. Sa femme et Baccara, eux, s'étaient pressés à l'intérieur du chalet. À peine s'ils s'étaient exclamés en descendant du car et avaient fait quelques mouvements pour détendre leurs jambes, s'ils avaient lancé leur voix dans la vallée pour l'entendre, tout de suite, revenir affaiblie, ils avaient soufflé dans leurs mains et aussitôt voulurent se mettre au chaud. Les autres les avaient suivis à pas prudents. Sur la route, on leur avait parlé de vin chaud, de chocolat et de verre de l'amitié.

À sa surprise, l'Actrice était venue se poster juste à côté de lui. Vous avez raison, on n'est pas pressés, lui confia-t-elle, c'est si rare que l'on puisse respirer comme ça et puis elle avait levé ses bras, les avait étirés vers le haut et voulut qu'il l'imite. Tirez ! ordonna-t-elle, tirez ! Ce qu'il fit. Respirez ! vous reprendrez des couleurs. Ouvrez-vous ! vous êtes tout noué. Il fit rentrer l'air dans sa poitrine. Il se sentit reprendre le contrôle. Après, elle regarda un long instant l'homme au bonnet rouge qui s'en était retourné sur l'étendue glacée du parking sans plus rien dire et s'approcha. Son visage était devenu subitement grave et triste. Ne vous méprenez pas, murmura-t-elle, nous sommes si petits dans le paysage et comptons si peu. Le reste nous échappe. Ce n'est pas notre œuvre, ou c'est une œuvre qui nous dépasse et qui se poursuit dans l'ombre et la souffrance. C'est l'amour qui laboure le monde jusque dans ses tréfonds. Sa tête se tenait si près de la sienne que son souffle parfumé lui rentrait dans les narines. Immense, elle bouchait les sommets, seul un petit coin de ciel blanc restait aux cheveux. Elle continua, Mon pauvre ami, je sais ce que vous devez ressentir, nous sommes si inquiets que nous nous nourrissons d'instants. Deux petits cœurs ébranlés, rien de plus. Pour ma part, cela fait si longtemps. Doit-on toujours vivre dans le désert ? Ne vous méprenez pas. Ne dites rien. Fermez les yeux et sentez mes mains, elles sont sincères (deux petites pattes froides de poule, c'était). Si, hier soir, vous m'avez indignée, aujourd'hui j'ai de la peine pour vous. Il vous faut reconstruire maintenant. Tenez bon. J'ai été heureuse de vous rencontrer. Après, elle s'en alla.

Sur une petite chaise qui sentait la friture et le bois verni, sous une enseigne Rossignol et Nivéa, il avait pu, comme à travers une lucarne, observer les écrivains à son aise. Lebreton, sa femme et Baccara se tenaient près d'une cheminée où brûlait un grand feu. Plus loin, c'en étaient d'autres appuyés contre un mur sur lequel trônait une collection de vieux piolets.

De loin encore, il observa sa femme. Un verre vide était dans sa main. L'autre main, elle la laissait pendre près du feu, près de celle de Baccara. Devant les flammes, il y avait un jeu de doigts. C'était donc lui ? Baccara ? Ce modeste instituteur de campagne, cet éternel grand garçon poétique et mal fagoté ? De ses origines simples, il avait tout gardé. D'abord ses habits et ensuite le reste. Une maison toute de guingois, une petite écritoire et un piano désaccordé. Et puis, sous une lucarne, la table du maître. Depuis, l'instituteur devenu auteur à succès avait gagné des millions sur cette vieille chaise d'école, et, par respect, il écrivait encore à la main. Un jour, il avait dit Un écrivain est quelqu'un qui écrit avec sa main. Chez lui, il y avait des murs entiers de cahiers. C'était le métier mille fois remis. Des mots, il en avait toute une palette et puis plein dans des boîtes, par ordre alphabétique, par taille, par âge, par couleur. Sur sa table, il y avait toujours un dictionnaire ouvert. La langue est un jardin, disait-il dans son jardin. Une sorte de curé dans un potager de mots, c'était. À la table ronde, il l'avait entendu dire aussi qu'il fallait mettre sa peau sur la table et puis écrire avec son sang et tout le monde avait applaudi. Désolé d'abord, il avait contemplé le spectacle. Et puis déjà, la colère était montée. C'était ça, ah ! c'était ça ! c'était donc ça, c'est enfin ça qu'il fallait offrir aux gens.

Assis sur son tabouret en sapin de style rustique n'était-il pas, lui, devenu qu'une silhouette condamnée à l'effacement dont elle ne remarquait plus la présence et qu'elle ne cherchait pas des yeux lorsqu'elle était absente ? Petit, déjà, il avait éprouvé cet état. Souvent il se cachait pour espionner sa mère. Les bons jours, il pouvait la voir vivre exactement comme s'il était mort, après sa mort ou comme si même il n'avait jamais existé. Dans ce contexte, ce sentiment lui apparaissait simplement indéfinissable. Enfant, son père, pour un oui pour un non, lui expliquait que, pour un peu, il ne serait pas venu au monde. Au lieu de s'étonner, toujours il accueillait cette *révélation* avec indifférence. Son père marquait un temps et regardait ensuite son fils puis devant son absence de réaction s'impatientait Eh bien alors ? Alors rien. D'un même ordre, à chaque seconde, le monde s'allégeait du fardeau de milliers d'âmes qui étaient remplacées aussitôt par d'autres toutes pareilles. Mais la nausée le reprit et il s'en inquiéta. Pourquoi eux se mouvaient dans la chaleur et la multiplicité des contacts et pas lui ? Il s'était vu entrer dans le chalet, se placer parmi les autres pour en imiter les contours. À la suite de ces jours épuisants, de cette existence épuisante, plus rien ne pouvait rester en l'état. Ça avait été très vite ensuite. Il s'était d'abord trouvé sans consistance, il avait senti sa bouche se remplir sans raison de salive comme une faim à l'envers, et puis il s'était soulevé d'une façon extraordinaire une fois, deux fois d'abord à vide (il avait vu une stupeur s'afficher sur les visages des écrivains comme en miroir) et puis c'était sorti, immonde et brûlant comme une lave.

Chancelant, il alla chercher sa femme près de la cheminée. Lebreton et Baccara voulurent la retenir. Froidement, il les menaça. Lâchez-la tas d'enculés ! Il lui prit un bras et la tira vers lui. D'une manière indécise, elle se débattit. Viens, lui dit-il. Mais finalement elle cria Non ! et lui demanda Pourquoi non ? tout aussi fort, pourquoi non. Tout le monde dans le chalet s'arrêta de parler. Il la secoua en lui tordant le bras. Il y avait le feu. Il brûlait le vomi. Avant de pousser sa femme dehors, il traita une dernière fois tout le monde d'enculés, d'ordures et de traîtres.

À l'air, elle se mit à tordre sa bouche comme un enfant. Tu pleures car je te dégoûte, hein ? Il aima ces larmes. Oh, comme il haïssait les esprits libres ! Il voulut qu'elle s'abandonne à lui, ce qu'elle fit. En la soulevant de terre, il retrouva dans ses bras la sensation de ce corps presque comme avant mais à cause de ce *presque*, sa joie se trouva ternie et il eut envie de le tuer ce mot, d'en oublier le sens. D'habitude, il comptait à peine, il nuançait, mais à l'échelle de son cœur c'était une vraie boucherie.

Il la retrouva, telle qu'elle était il n'y avait pas si longtemps, à moitié nue, écroulée sur le canapé, la tête entre ses genoux cherchant depuis la veille au moins à y voir clair. Elle soufflait et gémissait comme une bête, elle faisait tout comme une bête, elle se laissait tomber dans ce gouffre typiquement féminin et lui, ça lui faisait de la peine. Pour fêter leur rencontre, il lui avait offert une blouse sans forme qui avait l'avantage de se dénouer facilement avec une seule main. Il lui avait dit Regarde je tire sur le cordon, mais elle s'était reculée et avait fait la démonstration toute seule, ce n'était pas tout à fait comme un strip-tease, c'était plus secret, beaucoup plus excitant. Derrière elle, par la fenêtre de la location, c'était la ville d'Aulnay qu'il connaissait à peine. Elle avait vingt ans, lui, quarante, elle avait de très beaux seins. Dans les dîners où il l'emmenait, elle jouait à celle qui n'était pas d'ici avec son accent mystérieux, dont lui-même ne savait rien, sa manière de se tenir bouche bée et puis je mets sur moi du rouge, du bleu, du gros, du fin et puis j'enfile des bottines fourrées car je suis Heidi la petite fille dans sa maison en bois, je parle aux lapins et aux arbres, j'ai des nattes d'or, je sais à peine parler, j'arrive à Paris. Il lui trouvait tellement de charme, même quand ensuite, après avoir garé la voiture, elle lui disait Je sais que tu as honte de moi et qu'il ne répondait rien et qu'elle avouait alors que ce n'était plus possible et qu'il la voyait ensuite rester dans l'auto. Il faisait mine de s'en aller mais toujours, revenait lui ouvrir la porte. C'étaient les débuts. Un jour de tempête, quand il s'était mis à vider ses placards puisqu'elle n'en avait plus la force, cette petite blouse sans forme qu'il lui avait achetée des années auparavant, elle réapparut. Elle pesait entre ses mains à peine cent grammes. Ce jour-là il l'aurait bouffée, déchirée en mille morceaux.

Quand il était resté de longues minutes à écouter pleurer sa femme il allait s'enfermer dans la chambre et reprenait le travail. Elle, elle tambourinait sur le mur jusqu'à s'en faire mal aux mains puis, quand il la retrouvait, elle lui montrait ses yeux tuméfiés. Toi, espèce de connard, hoquetait-elle, tu arriveras toujours à t'en sortir, hein ? Je ne sais pas, répondait-il. Simplement, quand il travaillait au moins, il ne se consumait pas.

Il traîna sa femme dans la neige jusqu'à un gros tas derrière le chalet. Là, il la maintint assise comme une poupée de chiffon et commença à la serrer entre ses bras de plus en plus jusqu'à l'étouffement. Quelqu'un, l'homme au bonnet rouge, qui était revenu, voulut l'en empêcher mais bien en vain. Une fois, en colonie, alors qu'il mangeait calmement en face d'un des plus grands dont il était devenu le larbin, il avait senti une fureur se déchaîner en lui, il avait pris sa soupe, avait soulevé son assiette bouillante et l'avait projetée sur sa face stupide. Après, on fut obligé de l'enfermer tout un temps, de le mettre à l'abri, en attendant que l'autre veuille bien arrêter de gueuler qu'il allait le tuer.

Il serra sa femme dans la neige. Il vit dans ses

yeux son reflet rouler en arrière. Il la lâcha. Elle tomba inanimée sur une grosse pierre bleue miroitante.

Ils s'étaient dit Je t'aime, ils s'étaient insultés, ils s'étaient dit Toi et moi, on sera toujours collés tous les deux, on sera comme deux boules de poils dans l'éternité de l'instant. Ils s'étaient dit Toi et moi on est faits l'un pour l'autre, Toi et moi, on est unis par les liens sacrés du mariage. Ils s'étaient dit Plutôt mourir que de se séparer. Des fois. À présent, ses cris étaient descendus dans la vallée avant de revenir affaiblis. Quand les écrivains sortirent du chalet, ils le virent debout tenir ses poings rougis l'un contre l'autre. Il leur ordonna de ne pas bouger, ce qu'ils firent, puis, sous leurs yeux médusés, il plongea dans la montagne et roula sans s'arrêter, sans s'arrêter.

III

Il se releva dans la neige. Il s'était enfoncé dedans. Il trouva un chemin plein de traces qui était praticable au début mais, après un dernier faux plat, s'était mis à s'élever brusquement. La couche s'était terriblement épaissie et avancer fut pénible à cause de son pantalon qui remontait chaque fois qu'il accrochait ses pieds à la pente. Il lutta comme un vrai alpiniste. Il inclina son buste en avant pour garder son souffle. Il regarda la montée devant lui. Elle était raide, elle grimpait jusqu'à un petit nid de sapins. Dans l'effort, ce qu'il apprit à faire, ce fut de fixer des buts. Il repérait un rocher, un arbre et ne le quittait pas des yeux. En avançant, il fit des progrès, il prit confiance et son souffle revint. Alors les buts devinrent de plus en plus lointains jusqu'à n'être plus que des points sur des crêtes. Au bout d'un moment, il eut chaud et plia son manteau sur son bras. Remets ton manteau, lui dit une petite voix. Rien ne presse.

Seulement, il fut pris de tremblements. Quand il s'arrêta sur un surplomb, ce fut pour se masser les pieds.

L'air était une chose bien réelle avec laquelle il ne put composer. C'est la peau d'abord qui envoya des signaux sur les nerfs. Ensuite il se mit tout entier à grelotter. Au début, ça lui fit du bien. Les plus petits muscles de son organisme se trouvèrent tellement sollicités qu'il sentit tout son corps pris dans une bataille invisible. La fièvre aussi lui faisait ça. La fièvre lui procurait des sensations délicieuses. Malade, il se disait Et si je ne m'arrêtais jamais de trembler comme ça jusqu'à en craquer de toutes parts ? Son premier soir dans la montagne fut riche pour cette raison. Il s'était allongé sur un rocher sec et plat. Autour de lui, la montagne était devenue bleue comme la mer sous des pointes roses. En bas, la vallée avait allumé ses guirlandes et dans le ciel, une lune mince était apparue, coupante comme un éclat de verre tombé sur un tapis. Pieds nus dans la nuit, il avança et trébucha tant qu'il implora sa Fifou. À bout de nerfs, il pleura. Peut-être fallait-il maintenant qu'il cesse de vivre ? Une dernière fois, il voulut se mesurer. Il convoqua Rimbaud et Baudelaire. Il endossa une armure, des bottes pour marcher, des peaux de bête, des plaques de terre. Il enfila la terre, passa ses bras dans la croûte terrestre et les disposa autour. Quel rassemblement ce fut pour lui. Pire que tout. Il suivit la course du croissant. D'abord au-dessus du sommet en forme de chat couché, il s'était levé en l'air puis était retombé vers l'aiguille. Un moment, découragé, il songea à en finir. Par lassitude. Par impatience. Cette grandeur, il la reconnut. Sauter dans le vide. Un, deux, trois, quatre et c'est fini. Une légende dit que l'on meurt avant de toucher le sol, que dans la chute, on n'est plus soi déjà, le cœur, la tête, envolés. Mais le ciel s'éclaira. Au début, il ne voulut pas le croire. Dans sa ville, par exemple, il y avait les signes du matin, il y avait le camion des poubelles, la rumeur grandissante des autos, les cavalcades dans les escaliers. À la campagne, il y avait le remue-ménage des animaux de la ferme et le cri des oiseaux sauvages. Ici, c'était le silence, le silence parfait, pas un cri, pas une mouche, rien, juste le bruit du vent dans les oreilles, un bruit régulier, un trait dans le ciel, un avion.

Il faisait à peine clair quand il quitta sa pierre plate. Il suivit son chemin parce qu'*il le fallait*. Il était gris et dur comme du ciment. Il longea une arête, c'était pentu de chaque côté et cela réclamait qu'il s'en tienne à sa route. Au fond, hérissée et bleue, il y avait la glace. La mort, elle, était partout. Il marcha encore et encore. Il vit au loin un petit bois qui bouclait comme une fourrure sur une peau pâle avec dedans une petite cabane en planches. Il se considéra sauvé, il l'était oui.

Il fit le ménage dans la cabane. Il enleva le foin et la sciure du plancher. Il boucha la fenêtre avec une vieille bâche. Il déplia son manteau de coupe moderne sur une sorte de sommier branlant puis il sortit de sa poche sa petite trousse de toilette. En se reculant, il trouva ça joli, ça réchauffait. Il y avait un endroit pour faire du feu. Sous son pull, en les serrant bien contre son ventre, il sécha les allumettes qui reposaient au fond d'un pot de fer. Plus tard, il put en craquer une. Il protégea la flamme sous une branche fine comme on le lui avait appris dans les colonies et, tout de suite, le feu partit. Sur un fil, il suspendit ses chaussettes mouillées, sur une planche, il fit chauffer ses chaussures. Devant le feu, il décrocha un glaçon qui descendait du toit et le porta à sa bouche. Les sapins dans les trous rajoutaient du vert.

Il essaya de voir un écureuil. Il entendit bien des bruits dans les branches mais c'était le vent, ou une pomme de pin. Ce qu'il avait lu sur la disparition des écureuils, ça existait maintenant.

Il s'était éloigné pour chercher du bois. En se baissant, il avait aperçu au loin un renard. Il n'était pas roux et rusé comme celui des contes, il était gris et pataud et avait l'air affamé. Ils s'observèrent de loin sans bouger. Le lendemain, presque au même endroit, il revit le renard arrêté. Le jour d'après encore. À ce moment, il en eut marre de sa présence suppliante. Il ramassa une pierre et la lui lança avec force. Un bond, deux bonds, enfin il en fut débarrassé.

Le soir, les sapins le rassuraient. Quand le vent les penchait sur la cabane, il voyait par les fentes du toit leurs branches toutes pleines d'étoiles. Il eut envie de faire revenir Noël à la maison. (Si oui, racheter guirlandes, boules, figurines dorées.) Avec un doigt trempé dans la cendre, il fignolait des listes parfois jusqu'à l'aube.

Il rêva que sa femme entrait dans la cabane. Elle portait un anorak rouge et avait les cheveux longs. Dans son rêve, elle le giflait, mais ce n'étaient pas des coups, ce n'était pas de la violence, c'était plutôt une sorte de traitement donné aux évanouis. Après, sa femme lui faisait du café et ça sentait bon dans la cabane. Quand il se réveilla du rêve, il avait les joues en feu et un goût de café dans la bouche. Lui fallait-il comprendre quelque chose ?

Des fois, il entendait des chiens aboyer dans le lointain, une meute de chiens d'un coup. En même temps un hélicoptère rouge faisait du surplace dans le ciel. Des hommes vivaient en bas et envoyaient leurs ordres en haut. Alors il éteignait le feu et se cachait.

Quand le mauvais temps s'installait, c'était la tranquillité pour des jours et des jours.

En montant un raidillon neigeux au-dessus de la cabane, il lui était possible de voir la vallée. Le matin brouillé ne livrait aucun détail que le regard puisse sauver, mais ensuite, l'air s'allégeait, alors les nuées remontaient en haut des arbres. Il restait là un long moment à regarder en bas. De la musique tombait du ciel. Elle recouvrait, elle épurait, la musique mangeait tout sous sa couche, elle éloignait. C'était du blanc sur blanc, du monochrome, du ralenti. Elle scintillait quand il l'éclairait. Au microscope des sentiments, elle s'organisait. Elle courait sur les parcelles, rendait prudent dans ses mouvements. Parfois, elle paralysait totalement.

Il y avait l'air toujours. Il descendait en lui, flocon par flocon. Le mal aussi.

Ses doigts de pied, il ne les sentait plus. Ses mains, maintenant, peinaient à s'ouvrir. Il eut peur que ses jambes ne le lâchent complètement.

Une nuit il se sentit tout à fait faible. Toutes les femmes qu'il avait aimées étaient venues le voir. Il n'y en avait pas tant que ça. N : l'intrépide qui saute les barrières. P : son casque de moto. V : l'initiatrice folle de son corps. Je ne te suffis pas ? C : qui fumait au lit ses cigarettes pour asthmatiques et riait d'un air triste. Quand il la revit des années plus tard par hasard à un mariage, elle lui confia avoir passé du bon temps avec lui. Jamais, il ne l'avait vue vraiment nue. L : l'infidèle et ses petits bouquets de violettes. S : tôt le matin, le bruit de sa voiture qui se garait. P : la juive solaire. S : la voyageuse. Jouisseuse et violente. Un été, il y avait eu cette dispute et brusquement il avait cessé de l'aimer. Il avait pris la voiture et avait longtemps roulé sur des petites routes entre les champs de lavande. Curieusement, au lieu de se sentir accablé comme cela lui arrivait chaque fois, il découvrit son âme soulagée. Au début il ne sut pas pourquoi, et puis à force de rouler, il comprit qu'un ange, un esprit invisible et agissant l'avait libéré d'un affreux sortilège. V : en blouse blanche. Vierge pratiquante. S : la juive lunaire. K : l'Anglaise poupée de chiffon. D : même elle. M.A. : la femme mûre. La première fois, elle fit rebondir sa bouche sur la sienne deux ou trois coups, sa bouche caoutchouteuse et collante et puisqu'il resta sans rien dire, il se sentit ensuite envahi par une anguille excitée et nerveuse. Comme elle lui mit de son rouge partout, elle sortit un mouchoir de son sac et voulut, en l'humectant avec un peu de salive, le lui enlever. Mais tiens-toi tranquille ! s'agaçait-elle toujours tandis qu'il se défendait. Ne fais pas l'enfant, ou tout le monde va se moquer de toi. E : le double visage de la folie. Sa femme enfin. Il les remercia d'être là, mais il en manquait une.

À la colonie, il la voyait, son travail fini, se poser au milieu du linge qu'elle avait lavé et fumer sa cigarette au soleil. Quand il lui disait bonjour, elle lui renvoyait un hochement de tête minuscule. Elle portait toujours une blouse bleu pâle et un petit foulard noué sur la tête. Les jours de congé, il la voyait traîner pieds nus et les cheveux défaits. Parfois, elle partait en vélo au village. Un jour, elle lui donna des pâtes de fruits, et une barre de chocolat, pourquoi ? parce qu'elle l'avait vu pleurer dans le champ. Elle passa la main sur son crâne et sentit toutes les bosses. Elle alla parler au directeur. Ensuite, c'était devenu pour lui une sorte de grande sœur vieille. Elle le posait sur une corbeille et le coiffait, lui soignait un genou ou lui réajustait les boutons de sa chemise. Si on te fait du mal, il faut venir me le dire, disait-elle. Après, elle lui donnait une tape sur les fesses pour qu'il aille rejoindre les autres. Quand le cuisinier, à force de les voir ensemble, lançait Alors les amoureux, ça va ? elle haussait les épaules. Une fois, elle lui demanda Et toi, tu as une amoureuse ? Il répondit la vérité. Elle dit Eh bien moi si. Elle inventa un jeu. Elle lui confiait un peigne, dénouait son foulard, et se tournait. Il fallait qu'il fasse le coiffeur. Au début, il y allait à gestes timides mais elle l'encouragea à plus d'ardeur, Mais vas-y, vas-y donc carrément et en s'emparant du peigne, elle lui montra comment agir avec une force dont il se sentit bien incapable. Regarde, moi, comme je n'ai pas peur, ça ne fait pas mal. Et ses cheveux s'entrechoquaient et s'animaient en une touffe électrique et incandescente. Un autre jour, il lui fallut défaire une natte. La longue bande serrée qu'il dénoua devint une multitude de brins de couleurs différentes. Le rouleau roux qui ressemblait à la queue d'un animal étala sa masse en une plaque brillante et malléable. Alors, c'est fini ? demandait-elle par impatience. Puis c'étaient d'autres ordres encore. D'autres outils. Une brosse qu'il lui fallait aller chercher dans une trousse. Tu aimes coiffer ? elle demandait. Oui, il répondait. Quel âge as-tu ? J'ai douze ans. Et toi, tu sais quel âge j'ai ? Non, madame. Allez, donne-moi un âge. Ce qu'il aimait, c'était quand il pouvait voir ses bras. Ils étaient puissants et couverts d'un duvet châtain qui allait s'épaississant des coudes aux poignets. Quand elle les levait pour rassembler ses cheveux sur le sommet de sa tête, il observait dans le creux des manches deux touffes sombres et soyeuses. Un jour, il proposa de les peigner aussi. Pour un étrange motif, elle refusa. Si on nous voit, avait-elle dit. Si on nous voit. Il ne demanda plus jamais rien. Un des derniers après-midi, après une longue séance dévolue au coiffage, elle avait insisté pour qu'il l'aide à remettre de l'ordre dans la lingerie. Quand il fut avec elle dans le sous-sol voûté qui sentait la lessive et le chaud, elle barricada l'entrée avec une grosse panière et lui dit de venir. Je vais te confier un secret, lui dit-elle. Puis durement, elle l'avait interrogé, Sais-tu garder un secret ? Il baissa les yeux. J'en connais un qui aime bien se faire coiffer aussi. Elle tortilla des hanches et tira un bout de chiffon blanc d'entre ses jambes et s'assit sur un tas de draps sales. Là, elle remonta sa blouse et se renversa en arrière. Regarde. Au départ, il ne vit rien que son regard pût démêler, une masse noire géométriquement confuse et sommeillante comme une petite bête pelotonnée entre deux branches. De nouveaux ordres furent donnés. Approche-toi et coiffe-le. Il prit le peigne et l'actionna, ce qui fut sans effet pour le plus grand nombre des poils qui retrouvèrent leur place, comme si une force mystérieuse les voulait immobiles. Vers le bas, deux bourrelets noirs faisaient le gros dos et débordaient sur les cuisses leur moutonnement sale. *Il* ne va pas te manger, tu sais, *Il* est gentil, approche-toi encore. Et saisissant sa tête, elle lui fit mordre la toison qui lui sembla d'une rugosité inégalée par rapport à toutes les sensations qu'il avait connues jusqu'alors avec un chien, un chat, un lapin, un poussin. Cette laine dure lui gratta les joues autant qu'un épais manteau d'hiver. Il sentit entre les deux bourrelets qui s'étaient défaits l'un de l'autre une autre bouche qui sentait l'oignon et la savonnette. Comme d'un volcan réveillé, de la bave avait débordé sur la forêt épaisse et l'avait engluée de matière chaude. Avec sa croûte noire et son cœur incandescent, la bave était descendue vers le cratère éteint. Elle voulut qu'il en goûte, ce qu'il fit, sans entrain ni rejet, comme s'il lui avait fallu faire un travail peu pénible. Avec sa main posée sur sa tête, elle le manœuvra subtilement du bout des doigts. Cela dura un moment qu'il lui fut impossible de calculer. Elle se redressa alors qu'il étouffait. Ça suffit comme ça, dit-elle. Il voulut s'en aller mais elle lui ordonna d'attendre. Avec le coin d'un drap mouillé d'eau, elle lui frotta la figure, ensuite elle le recoiffa et lui renifla les cheveux. Il se laissa faire docilement. Après, elle lui claqua les fesses et l'envoya rejoindre les autres. Au moment de passer la porte, elle lui rappela son secret. Parole, hein ? Il remonta dans le jardin et se mit à courir sur les graviers. Personne, encore, n'avait remarqué sa culotte maculée de pisse.

Les chiens, l'hélicoptère de nouveau.

On lui donna des gifles encore. Sans doute voulait-on qu'il se mette debout et puisse marcher. On lui bourra la bouche de nourriture pâteuse pendant qu'il implorait qu'on le laisse tranquille. On était en plein après-midi. Il venait juste de s'endormir.

Il retrouva le ciel, sanglé.

Pour rentrer chez lui, il prit le métro. Dans ses vêtements flottants, il lui sembla avoir considérablement maigri. Les journaux ne parlaient pas de lui.

Il arriva. Il contempla ses fenêtres d'en bas. Les rideaux avaient la même couleur. Tout allait bien. Derrière la porte, de l'eau coulait dans une baignoire et il y avait elle qui s'affairait. Il reconnut son pas sur le plancher. Il glissa la clef dans la serrure mais attendit encore un peu. Il recompta une dernière fois les rayures du lino et les fils du compteur collectif avant de se lancer.

Ils avaient traversé des sommets de douleur et puis ils avaient recollé les morceaux. Il lui parla doucement. Ils vivaient. Il voulut qu'elle se lave et se maquille comme elle le faisait avant, longtemps, avec application, qu'elle se nourrisse bien, qu'elle choisisse un bel habit pour la journée. Comme il aimait la voir partir le matin, en petite héroïne de tous les jours, parfumée avant l'aube, chaussée étroitement, le baisant dans le lit, à ce soir ma chérie. Lui boule informe après sa mauvaise nuit, la première chose qu'il voyait quand il ouvrait les yeux, c'était sa bonne face penchée sur lui, c'était le jour qui se lève.

Ce volume a été composé
par Euronumérique
et achevé d'imprimer en juin 2002
sur presse Cameron
dans les ateliers de
Bussière Camedan Imprimeries
à Saint-Amand-Montrond (Cher)
pour le compte des Éditions Stock
31, rue de Fleurus, 75006 Paris

54-02-5506-01/8

N° d'édition : 24160. — N° d'impression : 022589/4.
Dépôt légal : septembre 2002.

Imprimé en France
ISBN 2-234-05506-7